ÉPISODES

MICHEL ROY

MAXIME TRUDEAU

Éditions Grand Duc
Groupe Éducalivres inc.
955, rue Bergar, Laval (Québec) H7L 4Z6
Téléphone: 514 334-8466 ■ Télécopie: 514 334-8387
InfoService: 1 800 567-3671

REMERCIEMENTS

Pour leurs suggestions et leurs judicieux commentaires à l'une ou l'autre des étapes du projet, l'Éditeur tient à remercier les personnes suivantes :

Mme Marilou Bourassa, École Lucien-Pagé, C. s. de Montréal ;
Mme Martine De Grandpré, École secondaire Mont-Bleu, C. s. des Portages-de-l'Outaouais ;
Mme Julie Godbout, École Cité étudiante Polyno, C. s. du Lac-Abitibi ;
Mme Claude Morissette, École secondaire Mgr-A.-M.-Parent, C. s. Marie-Victorin ;
M. Jean Doré, École secondaire A.-N.-Morin, C. s. des Laurentides.

Pour son travail de vérification scientifique, l'Éditeur témoigne toute sa gratitude à M. François Morin.

© 2007, **Éditions Grand Duc,** une division du Groupe Éducalivres inc.
955, rue Bergar, Laval (Québec) H7L 4Z6
Téléphone : 514 334-8466 • Télécopie : 514 334-8387
www.grandduc.com
Tous droits réservés

CONCEPTION GRAPHIQUE : Josée Lavigne
PHOTOGRAPHIES (COUVERTURE) : Carl Spitzweg, *Le rat de bibliothèque,* vers 1850 / Superstock

Nous reconnaissons l'aide financière du gouvernement du Canada par l'entremise du Programme d'aide au développement de l'industrie de l'édition (PADIÉ) pour nos activités d'édition.

Code produit 3603
ISBN 978-2-7655-0117-6

Dépôt légal
Bibliothèque et Archives nationales du Québec, 2007
Bibliothèque et Archives Canada, 2007

Imprimé au Canada

2 3 4 5 6 7 8 9 0 S 6 5 4 3 2 1 0 9 8 7

Table des matières

LES CLASSES DE MOTS

rappel

Les classes de mots sont le **nom**, le **pronom**, l'**adjectif**, le **verbe**, le **déterminant**, l'**adverbe**, la **conjonction** et la **préposition**.

1. Identifiez la classe de mots correspondant à chacune des définitions suivantes.

a) Mot placé devant le nom, servant à préciser ce que désigne le nom. _____

b) Mot servant à exprimer une action ou un état. _____

c) Mot servant à introduire un complément tout en établissant un rapport de sens. _____

d) Mot servant à désigner une réalité concrète ou abstraite. _____

e) Mot servant à qualifier ou à classifier le nom. _____

f) Mot qui se joint à un autre mot pour en modifier le sens. _____

g) Mot servant à lier des groupes de mots ou des phrases en établissant souvent un rapport de sens. _____

h) Mot servant à remplacer un nom. _____

2. a) Indiquez si les mots soulignés dans le texte suivant sont variables (V) ou invariables (I).

> [...] Dans un petit cabinet qui donnait sur la chambre de bal était une vieille et sainte femme qui, assise sur un coffre, au pied d'un lit, priait avec ferveur ; d'une main elle tenait un chapelet et de l'autre, se frappait fréquemment la poitrine. Elle s'arrêta tout à coup et fit signe à Rose qu'elle voulait lui parler.
>
> ■ Philippe AUBERT DE GASPÉ, « L'étranger », *L'Influence d'un livre,* Montréal, Éditions Boréal, 1970, p. 45.

b) Nommez les classes de mots variables et invariables et donnez un exemple tiré du texte ci-dessus pour chacune d'elles.

Classes de mots variables :

_____

Classes de mots invariables :

_____

RÉVISION

3. a) Dans le tableau suivant, complétez les observations liées à chacune des classes de mots.

CLASSE	EXEMPLE	OBSERVATION
Nom	La **sorcière** lui jeta un mauvais **sort**.	Le **nom** est le noyau du _____.
	■ La **sorcière** lui jeta un mauvais sort. ■ **Morgane** lui jeta un mauvais sort.	Le **nom** peut être _____ ou _____.
	sorcier / sorcière / sorciers / sorcières	Le **nom** est _____.
	La **sorcière**, furieuse, lui jeta un mauvais **sort**.	Le **nom** donne son _____.
Pronom	Il extirpa l'épée de la pierre et **la** leva au-dessus de sa tête.	Le **pronom** est le noyau du _____.
	Il / Elle / Ils / Elles	Le **pronom** est _____.
	Il extirpa l'épée de la pierre et la leva au-dessus de sa tête. (verbes à la 3ᵉ pers. du sing.)	Le **pronom** donne sa _____ et son _____ au verbe.
	Il extirpa l'épée de la pierre et **la** leva au-dessus de sa tête.	Le **pronom substitut** remplace un _____. Le groupe de mots représenté est appelé _____.
Verbe	Cette épée **porte** le nom d'Excalibur.	Le **verbe conjugué** est le noyau du _____.
	porte / portait / portera / a porté...	Le **verbe** est _____, car il se _____.
	Cette épée **porte** le nom d'Excalibur. Elle **porte** le nom d'Excalibur.	Le **verbe** reçoit la _____ et le _____ du noyau du groupe qui exerce la fonction sujet.
Adjectif	Les chevaliers de la Table **ronde** participent à des quêtes **mythiques**.	L'**adjectif** est le noyau du _____.
	rond / ronde / ronds / rondes **mythique / mythiques**	L'**adjectif** est _____.
	Les chevaliers de la Table **ronde** participent à des quêtes **mythiques**.	L'**adjectif** reçoit le _____ et le _____ du _____.

≫

CLASSE	EXEMPLE	OBSERVATION
Déterminant	Merlin l'Enchanteur et la Dame du lac font partie de la légende du roi Arthur.	Le **déterminant** précède toujours un _____ et forme avec lui la base du _____.
	l' / le / la / les / un / une / des…	Le **déterminant** est _____.
	Merlin l'Enchanteur et la Dame du lac font partie de la légende du roi Arthur.	Le **déterminant** reçoit le _____ et le _____ du _____.
Adverbe	Arthur, **très** grand guerrier, serait parvenu **assez rapidement** à unifier **provisoirement** les Bretons dans leur lutte contre les Barbares.	L'**adverbe** est le noyau du _____.
	Très, assez, rapidement n'ont ni genre ni nombre.	L'**adverbe** est toujours _____.
	Arthur, **très** grand guerrier, serait parvenu **assez** rapidement à unifier **provisoirement** les Bretons dans leur lutte contre les Barbares.	L'**adverbe** modifie un _____, un autre _____ ou un _____.
Préposition	Arthur est mort **dans** l'île d'Avalon où il s'était réfugié **chez** sa sœur Morgane **après** son combat **contre** son neveu Mordred, lequel l'avait appelé **à** se battre.	La **préposition** est le noyau du _____.
	Dans, chez, après, contre et à n'ont ni genre ni nombre.	La **préposition** est toujours _____.
	dans + l'île d'Avalon **chez** + sa sœur Morgane **après** + son combat **contre** + son neveu Mordred **à** + se battre	La **préposition** a toujours une _____ à sa droite.
Conjonction	Le roi Arthur se disait **que** la loyauté et la noblesse de ses chevaliers ne seraient plus les mêmes **s'il** ne possédait pas un jour le Saint-Graal.	La **conjonction** unit deux _____ ou deux _____.
	la loyauté **et** la noblesse de ses chevaliers	Comme elle n'a ni genre et ni nombre, la **conjonction** est toujours _____.

RÉVISION

Préposition

{astuce}

Pour éviter les embrouilles…

L'<u>adverbe</u> est effaçable.

Ex. : Il court <u>rapidement</u>. ➡ Il court.

La <u>préposition</u> est non effaçable et est toujours suivie d'un complément.

Ex. : Je vais à Montréal. ➡ Ø Je vais Montréal.

La <u>conjonction</u> ne fait partie d'aucun groupe syntaxique.

Ex. : Il aime la lecture <u>et</u> le chocolat (le mot *et* est placé entre deux GN).

b) Identifiez la classe des mots dans les tableaux en vous référant aux mots en caractères gras dans les phrases.

IL ÉTAIT UNE FOIS UNE **VEUVE** QUI AVAIT **DEUX FILLES**.

Mot	Classe	Mot	Classe
Il	pronom	veuve	nom
était	verbe	qui	conjonction
une	détarminant	deux	ajectif
fois	nom	filles	noms

LE ROI SE MIT IMMÉDIATEMENT À LA RECHERCHE **D'**UNE ÉPOUSE **POUR SON** FILS.

Mot	Classe	Mot	Classe
roi	nom	à	prenom
se	pronom	d'	pronom
mit	adjectif	pour	pronom
immédiatement	adverbe	son	ajectif

L'AINÉE ÉTAIT BELLE **MAIS MÉCHANTE ET** ELLE **S'**AMUSAIT **CONSTAMMENT** À RIDICULISER SA **CADETTE** QUI ÉTAIT **PLUTÔT** DISCRÈTE.

Mot	Classe	Mot	Classe
L'	arrticle	s'	ronyome
mais	congesion	constamment	ajectit
méchante	ajectif	cadette	nom
et	congecsion	plutôt	verbe

RÉVISION

LES GROUPES DE MOTS

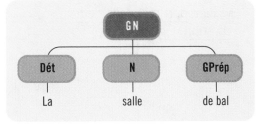

rappel

Les groupes de mots sont le **groupe nominal** (GN), le **groupe verbal** (GV), le **groupe prépositionnel** (GPrép), le **groupe adjectival** (GAdj) et le **groupe adverbial** (GAdv). Ces groupes sont constitués d'un **noyau** et d'une ou de plusieurs **expansions. L'expansion,** c'est ce qui est relié au **noyau.**

1. Dans le texte suivant, soulignez les GN et encerclez leur noyau. Notez qu'un GN a pour noyau un nom ou un pronom.

> […] Le chasseur obéit et l'emmena, mais quand il eut tiré son poignard et voulut percer le cœur innocent de Blanche-Neige, elle se mit à pleurer et dit : « Mon bon chasseur, laisse-moi la vie, je m'enfuirai dans le bois sauvage et je ne rentrerai plus jamais. »
>
> ■ Jacob et Wilhelm GRIMM, « Blancheneige », *Contes,* Paris, Éditions Gallimard, 1990, p. 109.

2. Faites la représentation graphique de chacun des GN soulignés dans les phrases ci-dessous. Pour ce faire, trouvez le noyau du GN et son expansion.

Exemple :

La salle de bal se remplissait des plus beaux personnages.

a) Nous voyions nerveusement l'aube naissante mettre fin à notre rêve.

b) La danse fut interrompue par le fracas de la verrerie.

RÉVISION

c) La veuve très joyeuse éclata
d'un grand éclat de rire.

3. Dans le texte suivant, soulignez les GV et encerclez leur noyau.

[…] Et Blanche-Neige demeura longtemps, longtemps dans le cercueil, et elle

ne se décomposait pas, elle avait l'air de dormir, car elle restait toujours blanche

comme neige, rouge comme sang et noir de cheveux comme le bois d'ébène.

Or il advint qu'un fils de roi se trouva par hasard dans la forêt et alla à la maison

des sept nains pour y passer la nuit.

■ Jacob et Wilhelm GRIMM, « Blancheneige », *Contes,* Paris, Éditions Gallimard, 1990, p. 127.

4. Faites la représentation graphique de chacun des GV soulignés dans les phrases
ci-dessous. Pour ce faire, trouvez le noyau du GV et ses expansions.

Exemple :

Malgré la bonté de ses hôtes, le chevalier
vaillant dort mal dans cette
chambre lugubre.

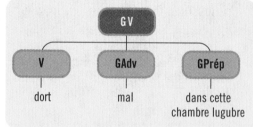

a) Sous son déguisement de vieille
femme laide, la méchante reine
lui tend une pomme toute rouge.

b) La princesse à la peau pailletée
de flocons d'or semble seule, même
si elle est entourée de gens pour
répondre à ses moindres désirs.

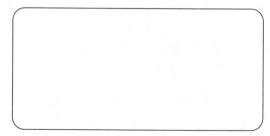

6

c) Au matin, avant que les gens
du château ne soient levés,
le chevalier monta sur son cheval,
<u>le prit par la bride</u>, et partit
au galop.

5. Donnez le nom (**GAdj**, **GPrép** ou **GAdv**) des groupes soulignés dans les phrases
suivantes et encerclez leur noyau. Ensuite, écrivez leurs expansions, s'il y a lieu,
et donnez leur nom.

PHRASE	NOM DES GROUPES SOULIGNÉS	EXPANSION	NOM DE L'EXPANSION
Exemple : Elle restait toujours (blanche) de peau, les joues (rouges) et les cheveux très (noirs).	GAdj	de peau	GPrép
		—	—
		très	GAdv
a) Elle revêtit ses <u>plus beaux</u> habits.			
b) <u>Dans son miroir</u>, la reine se regardait <u>pendant des heures</u>.			
c) La sorcière venait à peine <u>de partir</u> quand les nains entrèrent <u>précipitamment</u>.			
d) Ils vécurent heureux <u>très longtemps</u>.			
e) Elle était <u>seule</u> <u>dans les grands bois</u>.			

synthèse

Nommez les groupes soulignés dans le texte suivant. Inscrivez vos réponses dans le texte.

<u>Par un jour d'hiver</u>, <u>la terre</u> étant couverte d'une épaisse couche de neige, un <u>pauvre</u> garçon dut

sortir pour aller <u>chercher du bois en traîneau</u>. Quand il <u>eut ramassé le bois</u> et chargé le traîneau,

il était tellement gelé qu'il ne voulut pas rentrer <u>chez lui</u> <u>tout de suite</u>, mais faire du feu pour se

réchauffer un peu <u>d'abord</u>. <u>Il</u> balaya la neige, et tout en raclant le sol, il trouva <u>une petite clé d'or</u>.

■ Jacob et Wilhelm GRIMM, « La clé d'or », *Contes*, Paris, Éditions Gallimard, 1990, p. 217.

RÉVISION

LA PHRASE DE BASE

1. a) Construisez trois phrases grammaticales comprenant les groupes de mots ci-dessous.

> est la plus grande île du monde

> de 1717 à 1973

> gouvernèrent leur colonie des Bahamas

> vivent dans les plaines fertiles

> Le Groenland

> près du Mékong et de ses affluents

> Les Britanniques

> La plupart des habitants du Laos

1) _____   _____

2) _____   _____   _____

3) _____   _____   _____

rappel

Les trois phrases que vous avez construites sont des phrases de base.

La phrase de base est constituée de deux groupes **obligatoires,** soit le **groupe sujet (GS)** et le **groupe verbal (GV)**, et d'un groupe facultatif, le **groupe complément de phrase (GCP)**.

$$P = GS + GV + GCP$$

Ces groupes remplissent chacun une fonction spécifique.

■ Le **GS,** habituellement représenté par un groupe du nom (GN) ou un pronom, remplit la fonction de **sujet** (ce dont on parle).

■ Le **GV** remplit la fonction de **prédicat** (ce qu'on dit du sujet).

■ Le **GCP,** représenté par différents groupes (groupe nominal, groupe prépositionnel, groupe adverbial, etc.) apporte souvent une précision de temps, de lieu, de cause ou de but. Il remplit la fonction de **complément de phrase.**

b) Dans les phrases que vous avez construites en **a)**, identifiez chacun des groupes de la phrase de base.

2. a) Indiquez par un crochet si les phrases suivantes sont grammaticales (**G**) ou agrammaticales (**A**).

PHRASE	G	A
Des plaines boisées longent la mer des Caraïbes.		
Touche la mer Caspienne la Russie et l'Iran.		
Jacques Cartier en 1534.		
En Antarctique, les glaces fondent rapidement.		
Vivent dans le désert du Sahara.		

b) Vous devriez avoir identifié trois phrases agrammaticales en **a).** Faites les corrections nécessaires afin qu'elles soient grammaticales.

1) _____

2) _____

3) _____

rappel

Afin de bien identifier les groupes de la phrase de base et leur fonction, nous pouvons recourir aux **manipulations syntaxiques.**

GS	GV	GCP

Les températures d'été peuvent dépasser 40 degrés Celsius au Qatar.

Voici une démarche d'application des manipulations.

1. Un **GCP** s'identifie facilement en appliquant **l'effacement, le déplacement et le dédoublement.**

2. Le **GS,** non déplaçable et non effaçable, s'identifie en appliquant **le remplacement** de celui-ci par un pronom (*Il/Elle, Ils/Elles*).

3. Une fois le **GCP** et le **GS** identifiés, on remarque que le **GV** est non déplaçable et non effaçable.

3. Appliquez les manipulations suivantes à l'aide de la phrase encadrée dans le Rappel ci-dessus. Si la phrase devient agrammaticale, indiquez-le par le symbole Ø.

a)	Effacement du GCP	
b)	Déplacement du GCP	
c)	Remplacement du GS par un pronom	
d)	Déplacement du GV	
	Effacement du GV	

RÉVISION

4. Dans chacune des phrases de base suivantes, soulignez et identifiez le **GS**, le **GV** et le **GCP**, s'il y a lieu, en appliquant la démarche proposée à la page 9.

    a) Les Espagnols, qui étaient menés par Cortés, conquirent l'Empire aztèque de 1519 à 1521.

    b) L'étroite bande de terre qui relie l'Amérique du Nord et l'Amérique du Sud se nomme l'Amérique centrale.

    c) Après la découverte de l'Amérique par Colomb en 1492, les explorateurs européens arrivèrent.

    d) La plupart des îles des Caraïbes étaient, en 1980, indépendantes.

    e) Parce qu'il est le plus haut lac navigable du monde, le Titicaca est connu dans le monde entier.

synthèse

Utilisez la phrase suivante pour répondre aux questions du tableau.

> La république de Singapour est l'un des pays les plus prospères d'Asie malgré sa petite taille.

	LA RÉPUBLIQUE DE SINGAPOUR	EST L'UN DES PAYS LES PLUS PROSPÈRES D'ASIE	MALGRÉ SA PETITE TAILLE.
Le déplacement est-il possible ?			
L'effacement est-il possible ?			
Le remplacement par un pronom est-il possible ?			
Est-ce un groupe obligatoire ou facultatif ?			
Quel est le nom de son groupe syntaxique (GN, GV ou GPrép) ?			
Quelle est sa fonction syntaxique (sujet, prédicat ou complément de phrase) ?			

RÉVISION

LES GROUPES SYNTAXIQUES

1. Encadrez le noyau des groupes suivants et soulignez leurs expansions.

GN	Le décor intérieur	Le développement de l'art italien	La grandeur sévère de l'architecture romaine
GV	commence sa grande œuvre	s'incarne dans la pureté des formes	transforme élégamment le style
GPrép	avec l'art italien	pour toujours	sans l'appui de mécènes généreux
GAdj	remarquables par l'ornementation	plutôt impressionnant	assez content du résultat
GAdv	très souvent	plus tard	fort bien

rappel

La reconnaissance d'un groupe syntaxique se fait par l'identification de son noyau (le mot le plus important du groupe).

- Le **nom** ou le **pronom** est le noyau du GN.
- Le **verbe conjugué** est le noyau du GV.
- La **préposition** est le noyau du GPrép.
- L'**adjectif** est le noyau du GAdj.
- L'**adverbe** est le noyau du GAdv.

Construction d'un groupe syntaxique

À chaque noyau se rattachent une ou des expansions (obligatoires ou facultatives). Ces expansions peuvent être des GN, des GPrép, des GAdj, des GAdv ou des phrases subordonnées.

En règle générale…
L'**effacement** peut nous aider à faire la différence entre le noyau et les expansions. Le noyau des groupes syntaxiques ne s'efface jamais, alors qu'il est possible d'effacer ses expansions.

RÉVISION

2. Dans chacun des tableaux suivants, inscrivez les éléments de la colonne de droite dans les cases blanches appropriées.

a)

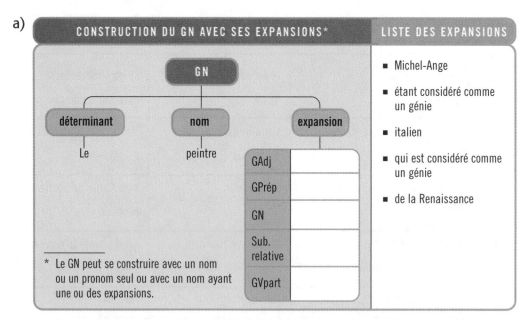

CONSTRUCTION DU GN AVEC SES EXPANSIONS*

GN
- déterminant : Le
- nom : peintre
- expansion :
  - GAdj
  - GPrép
  - GN
  - Sub. relative
  - GVpart

* Le GN peut se construire avec un nom ou un pronom seul ou avec un nom ayant une ou des expansions.

LISTE DES EXPANSIONS

- Michel-Ange
- étant considéré comme un génie
- italien
- qui est considéré comme un génie
- de la Renaissance

b)

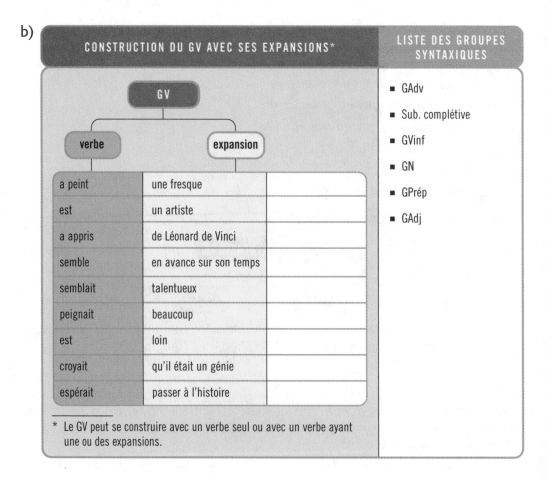

CONSTRUCTION DU GV AVEC SES EXPANSIONS*

GV
- verbe
- expansion

verbe	expansion	
a peint	une fresque	
est	un artiste	
a appris	de Léonard de Vinci	
semble	en avance sur son temps	
semblait	talentueux	
peignait	beaucoup	
est	loin	
croyait	qu'il était un génie	
espérait	passer à l'histoire	

* Le GV peut se construire avec un verbe seul ou avec un verbe ayant une ou des expansions.

LISTE DES GROUPES SYNTAXIQUES

- GAdv
- Sub. complétive
- GVinf
- GN
- GPrép
- GAdj

c)

CONSTRUCTION DU GPrép AVEC SES EXPANSIONS*			LISTE DES GROUPES SYNTAXIQUES

GPrép

préposition	expansion	
de	l'art	
contre	lui	
depuis	longtemps	
de	prendre son temps	
de	chez lui	

- GAdv
- GN
- GPrép
- Pronom
- GVinf

* Le GPrép se construit obligatoirement avec une expansion.

d)

CONSTRUCTION DU GAdj AVEC SES EXPANSIONS*			LISTE DES GROUPES SYNTAXIQUES

GAdj

expansion	adjectif	expansion	
		de son œuvre	
très	fier	que son œuvre soit appréciée	

- GAdv
- GPrép
- Sub. complétive

* Le GAdj peut se construire avec un adjectif seul ou avec un adjectif ayant une ou des expansions. Lorsque l'expansion est un GAdv, celle-ci est toujours placée devant le noyau.

RÉVISION

e)

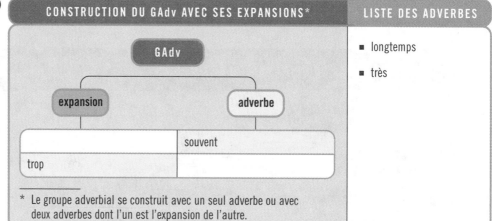

| CONSTRUCTION DU GAdv AVEC SES EXPANSIONS* | LISTE DES ADVERBES |

* Le groupe adverbial se construit avec un seul adverbe ou avec deux adverbes dont l'un est l'expansion de l'autre.

synthèse

GROUPES SYNTAXIQUES		
Michel-Ange	impressionnante	dans la cathédrale
plus classique	se propage	remonte au 16e siècle
plus tard	par un dessin	absolument remarquable
est particulièrement prolifique	la tradition gothique	ces mêmes qualités
pour les siècles à venir	minutieusement	tout à fait

1. Classez les groupes syntaxiques ci-dessus dans le tableau. Encadrez les noyaux et soulignez les expansions, s'il y a lieu.

GN	Michel-Ange	la tradition gothique	ces mêmes qualités
GV	se propage	remonte au 16e siècle	est particulièrement prolifique
GPrép	dans la cathédrale	par un dessin	pour les siècles à venir
GAdj	impressionnante	plus classique	absolument remarquable
GAdv	plus tard	minutieusement	tout à fait

RÉVISION

2. Complétez le texte suivant à l'aide des groupes syntaxiques proposés dans les encadrés verts. Inscrivez le nom de chacun de ces groupes dans les espaces blancs.

Raphaël, _le plus jeune_ et peut-être _____ grand des maîtres

            GAdj

_____, collabore aussi à l'œuvre de la basilique Saint-Pierre de Rome.

Il crée _____, soutenu _____ d'une grande force

_____, et empreint d'une poétique originale _____

_____. Dans ses grandes compositions, comme

_____, au Vatican, il atteint l'apogée de la rigueur

_____ des maîtres du siècle passé.

~~le plus jeune~~	par un dessin	de ce temps
la fresque de l'*École d'Athènes*	dont ses madones et ses portraits sont le reflet	géométrique
expressive	le plus	un art riche et monumental

3. Complétez les phrases suivantes en ajoutant les groupes syntaxiques indiqués entre parenthèses.

a) _____, la France est le pays qui établit les liens les plus
        (GPrép)
précoces avec l'art italien.

b) Les sculptures _____ de cette période sont
              (GAdj)
remarquables par la richesse de l'ornementation.

c) _____ utilise avec bonheur les effets produits par
    (GN)
le contraste entre la matérialité des objets sculptés.

d) Le tableau représente _____ deux scènes à deux
           (GAdv)
époques différentes.

e) À la Renaissance, un tel génie _____.
               (GV)

RÉVISION

LES SYSTÈMES D'ACCORD

1. a) Encerclez les 13 erreurs d'accord dans le texte ci-dessous.

La peur

Les ténèbres était profond. Je ne voyait rien devant moi ni autour de moi, et tout la branchure des arbres entrechoquée emplissaient la nuit d'une rumeur incessant. Enfin, j'aperçu une lumière, et bientôt mon compagnon heurtais à une porte. Des cris aigües de femme nous répondit. Puis une voix d'homme, une voix étranglé, demanda : « Qui vas là ? »

■ Guy DE MAUPASSANT, « La Peur », *Contes de la Bécasse*, Paris, Éditions Gallimard, 1979, p. 72.

rappel

Pour faire l'accord, il faut d'abord identifier les mots **receveurs** d'accord et les mots **donneurs** d'accord.

■ L'accord peut se faire en genre, en nombre et en personne.

■ Les **receveurs de l'accord** sont les verbes, les adjectifs, les participes passés et les déterminants.

■ Les **donneurs d'accord** sont les noms et les pronoms.

■ Certains mots sont ni receveurs ni donneurs puisqu'ils sont invariables : préposition, conjonction, adverbe, verbe à l'infinitif, etc.

b) Corrigez les erreurs relevées en **a)** en remplissant le tableau suivant.

ERREUR	CORRECTION	CLASSE DU MOT CORRIGÉ	DONNEUR DE L'ACCORD
Exemple : **était**	**étaient**	verbe	ténèbres
1) entrechoqué	entrechoqués	adj	AP
2) incessant	incessantes	adj	
3) aigües	aigus		
4)			
5) voyait	voyais	v	
6) tout	toute		
7) emplissaient	emplissait		
8) aperçu	aperçus		
9) heurtais	heurtait		
10)	a		
11) vas	va		
12) étanglée	étranglée		

Merci de ne pas photocopier   © Éditions Grand Duc

RÉVISION

c) À quelles classes de mots les donneurs de l'accord appartiennent-ils ?

_____

rappel

Système 1 : L'accord dans le GN

Dans le GN, c'est le **noyau** (le **nom** ou le **pronom**) qui donne son genre et son nombre au **déterminant** et à ses **expansions** (adjectif, adjectif participe).

masculin, pluriel

*Des **êtres** fabuleux, inconnus, rôdeurs, méchants [...]*
(R) **(D)** (R) (R) (R) (R)

2. a) Dans la phrase suivante, identifiez les donneurs (D) et les receveurs (R).

( ) ( ) ( ) ( )   ( ) ( )   ( )   ( ) ( ) ( )

<u>Malgré</u> mes efforts, je sentais <u>bien</u> <u>qu'</u>une terreur profonde tenait les gens, <u>et</u>,

( ) ( )   ( ) ( ) ( )   ( )

<u>chaque fois que</u> je cessais <u>de</u> parler, toutes les oreilles écoutaient au <u>loin</u>.

b) Pourquoi les mots soulignés ne sont-ils ni donneurs ni receveurs ?

_____

c) Au-dessus de chacun des mots soulignés, écrivez la classe de mots à laquelle ils appartiennent (adv., prép., conj.).

3. Identifiez les donneurs (D) et les receveurs (R) dans les groupes de mots suivants en faisant les accords nécessaires.

a) un   viei   homme   aux   cheveux   blanc
( ) ( )   ( )   ( )   ( )   ( )

b) quelque   grand   gaillards   armé   de   haches
( )   ( )   ( )   ( )   ( )

c) tou   les   yeux   écarquillé   de   surprise
( ) ( )   ( )   ( )   ( )

d) un   voix   rauque,   éraillé
( ) ( )   ( )   ( )

RÉVISION

rappel

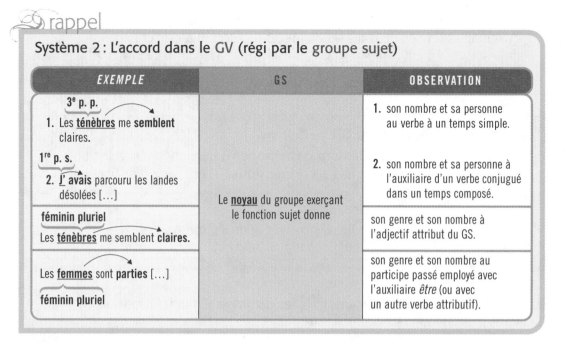

Système 2 : L'accord dans le GV (régi par le groupe sujet)

EXEMPLE	GS	OBSERVATION
3ᵉ p. p. 1. Les <u>ténèbres</u> me **semblent** claires. **1ʳᵉ p. s.** 2. J' **avais** parcouru les landes désolées […]		1. son nombre et sa personne au verbe à un temps simple. 2. son nombre et sa personne à l'auxiliaire d'un verbe conjugué dans un temps composé.
féminin pluriel Les <u>ténèbres</u> me semblent **claires**.	Le <u>noyau</u> du groupe exerçant le fonction sujet donne	son genre et son nombre à l'adjectif attribut du GS.
Les <u>femmes</u> sont **parties** […] **féminin pluriel**		son genre et son nombre au participe passé employé avec l'auxiliaire *être* (ou avec un autre verbe attributif).

{astuce}

On trouve le GS en le remplaçant par les pronoms *Il(s)* ou *Elle(s)* ou en l'encadrant par *C'est… qui.*

4. Dans les phrases suivantes :

a) soulignez le GS ;

b) encerclez le noyau du GS ;

c) reliez par une flèche le noyau aux receveurs du GV ;

d) faites l'accord approprié.

Exemple :

Les (dîneurs) entra**ient** heureux dans la salle de l'hôtel et s'asseya**ient** à leurs places.

1) La tristesse et la monotonie des jours rend_____ complète cette éclosion d'affection.

2) Là aussi se form_____ des liens durables et sérieux.

3) L'histoire des tendresses passées m'_____ empli le cœur de regrets.

4) Quelle aventure, quel drame cachai_____ ce souvenir ?

rappel

Système 3 : L'accord dans le GV (régi par le complément direct)

EXEMPLE	OBSERVATION
aux. **avoir** J'ai su tous les chagrins qui les **ont conduits** là. participe passé accordé	L'accord régi par le complément direct (CD) se fait en présence d'un participe passé employé avec l'auxiliaire *avoir*.
antécédent masculin pluriel J'ai su tous les chagrins qui **les** ont <u>conduits</u> là, **ces hommes**. CD	L'accord se fait seulement en présence d'un pronom complément direct obligatoirement placé devant le participe passé. Il s'agit habituellement d'un pronom qui possède le genre et le nombre de son antécédent et qui est donneur d'accord.
[…] elle ne **nous** a pas emprisonnés. ■ Remplacement du pronom **nous** par **les** […] elle ne **les** a pas emprisonnés. **Nous** est donc **complément direct** ; il régit l'accord du participe passé « emprisonnés ».	**À RETENIR** Les pronoms **toujours** compléments directs sont **l'**, **le**, **la**, **les** et **que**. D'autres pronoms comme **me**, **te**, **se**, **en**, etc., peuvent parfois remplir la fonction de CD. Pour s'en assurer, il suffit de les remplacer par **l'**, **le**, **la** ou **les**. Si la phrase reste **grammaticale**, le pronom remplacé est un **CD**.

5. Dans les phrases suivantes :

a) encerclez le participe passé employé avec avoir ;

b) soulignez, s'il y a lieu, le pronom qui exerce la fonction CD et son antécédent ;

c) reliez par une flèche le pronom à son receveur ;

d) faites l'accord approprié.

1) Ces histoires, nous les avons aimé beaucoup.

2) La situation que nous avons appréhendé ne s'est finalement pas produite.

3) Les enfants ont attendu l'arrivée de l'hiver avec impatience.

4) Sa place, le petit cousin l'avait repris derrière le corbillard.

LES CHAMPS LEXICAUX

1. Encerclez les mots liés au thème de la TRISTESSE dans le poème suivant.

Il pleure dans mon cœur
Comme il pleut sur la ville ;
Quelle est cette langueur
Qui pénètre mon cœur ?

O bruit doux de la pluie
Par terre et sur les toits !
Pour un cœur qui s'ennuie
O le chant de la pluie !

Il pleure sans raison
Dans ce cœur qui s'écœure.
Quoi ! nulle trahison ?
Ce deuil est sans raison.

C'est bien la pire peine
De ne savoir pourquoi,
Sans amour et sans haine,
Mon cœur a tant de peine !

■ Paul VERLAINE, *Fêtes galantes,* Paris, Éditions Messein, 1969, p. 65.

rappel

Un **champ lexical** est un ensemble de mots liés à un même **thème**.
Ces mots entretiennent un rapport de sens entre eux.

Le champ lexical d'un thème peut être formé :
■ **de mots de même famille** : tristesse ➡ tristement ;
■ **de mots génériques** ou **spécifiques** : tristesse ➡ affliction ;
■ **de synonymes** : tristesse ➡ mélancolie ;
■ **de mots qui décrivent ou définissent le mot de départ** : tristesse ➡ mort ;
■ **d'expressions figées** : tristesse ➡ des accès de tristesse.

RÉVISION

2. a) Construisez le champ lexical de la BEAUTÉ en variant les types de rapport de sens.

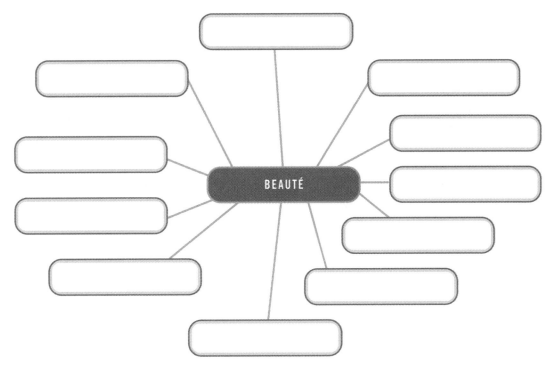

BEAUTÉ

b) À l'aide des mots de ce champ lexical, complétez le texte suivant.

La parure

Elle était plus _____ que toutes, élégante, _____,
souriante et folle de joie. […]

Elle dansait avec _____, avec emportement, grisée
par le _____, ne pensant plus à rien dans le triomphe
de sa _____, dans la gloire de son succès, dans une sorte
de nuage de _____, fait de tous ces hommages, de toutes
ces _____, de tous ces désirs _____ […].

■ Guy DE MAUPASSANT, « La parure », *Contes du jour et de la nuit,* Paris, Garnier-Flammarion, 1977, p. 85.

LA CONJUGAISON : CAS PARTICULIERS

1. a) Soulignez le radical (partie qui exprime le sens) des verbes suivants et encerclez la terminaison (partie qui varie selon la conjugaison).

Tu connaîtras	Vous savez	Nous finirons	J'aperçois
Je connaissais	Ils sauront	Tu finis	Nous apercevons
Vous preniez	Vous aimâtes	Nous plaçons	Tu dois
Elle prend	Que tu aimes	Je place	Nous devons

b) Donnez un exemple de verbe dont le radical ne varie jamais : _____

c) Donnez un exemple de verbe dont le radical varie selon le temps, le mode ou la personne : _____

rappel

Certains verbes ont un radical qui **ne change jamais.** D'autres, appelés verbes **réguliers,** ont plusieurs radicaux qui varient selon le temps, le mode ou la personne auxquels le verbe est conjugué. Les verbes dont le radical **change** selon le temps, le mode ou la personne grammaticale sont appelés verbes **irréguliers.**

- Il existe quatre terminaisons de verbes à l'infinitif : -er, -ir, -oir et -re.
- Les verbes **aimer, finir, partir, voir, boire, prendre** et **craindre** sont des modèles qui peuvent être utilisés pour conjuguer tous les autres verbes.
- Certains verbes, comme *manger, appeler, mener, céder,* etc. présentent des particularités orthographiques auxquelles il faut porter attention.

2. En vous fondant sur les exemples dans le tableau, formulez une règle générale concernant l'orthographe de certains verbes. Vous pouvez utiliser un ouvrage de conjugaison.

	EXEMPLE	RÈGLE GÉNÉRALE
-cer	Je pla**ce** ➡ Je pla**çais** Nous pla**cions** ➡ Nous pla**çons**	
-yer	Je netto**yais** ➡ Je netto**ie** Nous netto**yons** ➡ Nous netto**ierons**	
-ger	Je mang**e** ➡ Je mang**eais** Nous mang**ions** ➡ Nous mang**eons**	
acheter	J'ach**etais** ➡ J'ach**ète** Nous ach**etons** ➡ Nous ach**èterons**	
appeler	J'app**elais** ➡ J'app**elle** Nous app**elons** ➡ Nous app**ellerons**	

10/15

3. Conjuguez les *verbes* au temps et au mode demandés. Vous pouvez consulter un ouvrage de conjugaison.

a) Les rayons X (*être*, **ind. passé simple**) _____ une grande découverte ✓
de l'année 1895.

b) Wilhelm Röntgen, qui les a découverts, (*être*, **ind. imparfait**) _____ ✓
un physicien allemand.

c) Il (*étudier*, **ind. passé simple**) _____ les rayons cathodiques avant ✗
de faire cette découverte.

d) Ces rayons X (*finir*, **ind. futur simple**) _____ par rendre de grands ✗
services à l'humanité.

e) Ce chercheur allemand (*avoir*, **ind. futur simple**) _____ le premier
prix Nobel de physique en 1901.

f) Marie Curie, première femme à obtenir un prix Nobel, ne se (*décourager*, ✓
ind. passé simple) _____ jamais.

g) À la fin de sa vie, elle (*payer*, **ind. passé simple**) _____ même
de sa santé.

h) Le radium, qu'elle a découvert avec son mari Pierre Curie, se (*révéler*, ✓
ind. présent) _____ dangereux pour elle avec le temps.

i) Pierre Curie (*mener*, **ind. présent**) _____ un train de vie fort occupé. ✓

j) Cela (*s'appeler*, **ind. présent**) _____ du courage ! ✓

k) Albert Einstein (*essuyer*, **ind. présent**) _____ beaucoup d'échecs ✓
pendant ses études.

l) Il (*réussir*, **ind. futur simple**) _____ tout ✓
de même à établir un lien entre la matière et son énergie
par la formule E = mc².

m) Malheureusement, cette découverte
(*permettre*, **ind. passé simple**) _____ la fabrication ✗
de la bombe atomique.

n) Einstein (*défendre*, **ind. imparfait**) _____ ✓
pourtant la cause de la paix dans le monde.

o) Les travaux d'Albert Einstein (*compléter*, **ind. présent**) ✓
_____ en quelque sorte ceux de Newton.

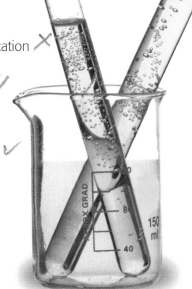

RÉVISION

LA JONCTION DES PHRASES

1. Soulignez les verbes conjugués dans les phrases suivantes.

a) Sigmund Freud, qui pratiquait la médecine en Autriche, est considéré comme le père de la psychanalyse.

b) Jean Piaget, psychologue suisse, a rédigé de nombreux travaux ; il se spécialisait dans l'étude du développement de l'enfant, qui était une science récente à l'époque.

c) Même s'il fut l'un des premiers à reconnaître l'importance des travaux de Freud, Carl Jung devint le premier à se dissocier du mouvement psychanalytique.

rappel

La présence de deux ou de plusieurs verbes conjugués indique que deux ou plusieurs phrases ont été jointes pour en former une nouvelle, que l'on nomme **phrase complexe**.

Il existe trois procédés de jonction de phrases :	*EXEMPLE*
La **juxtaposition**, qui se fait par les signes de ponctuation. (. ; :)	La psychologie était jadis une branche de la philosophie ; elle est maintenant considérée comme une science.
La **coordination**, qui se fait à l'aide de coordonnants (*mais, car, ou, et*, etc.)	La psychologie était jadis une branche de la philosophie, *mais* elle est maintenant considérée comme une science.
La **subordination**, qui se fait à l'aide de subordonnants (*qui, que, parce que, quand*, etc.)	La psychologie, *qui* était jadis une branche de la philosophie, est maintenant considérée comme une science.

■ La **juxtaposition** et la **coordination** sont des procédés qui lient des phrases indépendantes l'une de l'autre sur le plan syntaxique. Elles peuvent être séparées tout en restant grammaticales.

■ La **subordination** implique nécessairement une **dépendance syntaxique** puisque la phrase subordonnée, c'est-à-dire celle qui commence par un subordonnant, est insérée dans une autre pour n'en former qu'une.

2. a) Indiquez si les phrases suivantes sont juxtaposées, coordonnées ou subordonnées.

PHRASE	PROCÉDÉ DE JONCTION DE PHRASE
1) Érik Erikson, qui était psychanalyste américain, s'est plutôt intéressé aux problèmes de l'adolescence.	
2) Il a élaboré une théorie importante il a décrit huit stades de développement de l'être humain.	
3) La psychanalyse cherche à comprendre les mécanismes du mental la psychiatrie est une branche de la médecine dont l'objet est l'étude et le traitement des maladies mentales.	
4) Lorsque les théories humanistes ont été mises de l'avant, on a commencé à proposer des modèles d'étude de l'humain plus optimistes.	
5) Les comportements innés sont ceux qui sont présents naturellement en nous les comportements acquis sont ceux que nous apprenons au cours de notre évolution.	

b) Soulignez les subordonnées dans les phrases ci-dessus.

rappel

Il existe trois types de subordonnées.

TYPE DE SUBORDONNÉE	INTRODUITE PAR	FONCTION SYNTAXIQUE
Subordonnée **relative** *Exemple :* Le livre ***que* j'ai lu** est excellent.	un **pronom relatif** (*qui, que, quoi, dont, où, lequel,* etc.)	Complément du **nom** ou du **pronom**
Subordonnée **complétive** *Exemple :* Nous pensons ***que* tu nous as menti.**	un **subordonnant** *que* ou *qu'*	Complément direct ou indirect du **verbe**, complément du **verbe impersonnel**, complément de l'**adjectif** ou parfois du **nom**
Subordonnée **complément de phrase** exprimant notamment le temps, la cause, le but ou la conséquence. *Exemple :* ***Lorsque* nous sommes revenus,** la maison avait été cambriolée.	un **subordonnant** qui établit notamment une relation **de temps, de cause, de but** ou **de consé-quence.** (*lorsque, parce que, afin que,* etc.).	Complément de **phrase** Elle est donc déplaçable et effaçable.

RÉVISION

3. **a)** Soulignez la subordonnée dans les phrases suivantes.

   b) Encerclez le subordonnant.

   c) Indiquez ensuite le type de subordonnée et sa fonction syntaxique.

PHRASE	TYPE DE SUBORDONNÉE	FONCTION SYNTAXIQUE
Exemple : L'intelligence est un concept (qui) est difficile à définir.	Relative	Complément du nom *concept*
1) Freud prétendait que tout se joue avant l'âge de cinq ans.		
2) Plusieurs parents sont heureux que le neuropsychiatre Cyrulnik avance aujourd'hui des théories plus optimistes.		
3) Depuis que Freud a publié ses travaux, ceux-ci ont été énormément contestés.		
4) Le langage que l'enfant apprend à utiliser l'amène à développer les facultés de son cerveau.		
5) Plusieurs spécialistes disent que l'alimentation joue un rôle primordial dans le développement de l'enfant.		

4. **a)** Soulignez la subordonnée complément de phrase dans les phrases suivantes.

   b) Encerclez le subordonnant et indiquez le type de relation exprimée (temps, but ou cause).

PHRASE	TYPE DE RELATION
1) Parce qu'ils vivent plusieurs changements physiques importants, certains adolescents sont parfois perturbés sur le plan psychologique.	
2) Quand ces changements prennent fin, l'humeur se stabilise.	
3) L'adolescent a besoin, pour qu'il évolue sainement, de vivre dans un milieu équilibré.	
4) Comme ils ont davantage besoin de penser par eux-mêmes, ils développent un sens critique plus grand.	
5) Les adolescents doivent pouvoir raisonner de façon abstraite afin qu'ils développent ce sens critique.	

synthèse

Formez des phrases complexes à l'aide des phrases simples suivantes.
Utilisez le procédé de jonction indiqué.

PHRASE SIMPLE	TYPE DE JONCTION	PHRASE COMPLEXE
Exemple : P₁ : Les adolescents ont besoin de liberté. P₂ : Ils le manifestent parfois de façon agressive.	Coordination	P : Les adolescents ont besoin de liberté **et** ils le manifestent parfois de façon agressive.
a) P₁ : L'amitié joue un rôle très important dans la vie de l'adolescent. P₂ : L'adolescent doit se démarquer de son milieu familial.	Subordination (sub. relative)	P :
b) P₁ : Il quitte le foyer familial. P₂ : Il devient adulte.	Subordination (sub. complément de phrase)	P :
c) P₁ : Il désire voler de ses propres ailes. P₂ : Il revient souvent à la maison de ses parents.	Coordination	P :

RÉVISION

LA CONJUGAISON : LES MODES ET LES TEMPS VERBAUX

1. Indiquez le mode et le temps auxquels sont conjugués les verbes dans le tableau suivant.

VERBE CONJUGUÉ	MODE	TEMPS	VERBE CONJUGUÉ	MODE	TEMPS
a) Je devrais			**f)** Elle lisait		
b) Ils joindront			**g)** Ils avaient lu		
c) Que tu fasses			**h)** Faites		
d) Nous naquîmes			**i)** Écrire		
e) Vous avez vécu			**j)** Dormi		

> ### rappel
>
> Les modes des verbes sont l'**indicatif**, le **subjonctif**, l'**impératif**, l'**infinitif** et le **participe.**

2. Complétez le tableau suivant.

QUEL MODE	EXEMPLE	RÉPONSE
a) exprime un souhait, un ordre, un conseil ?	**Sors** d'ici ! **Passe** une bonne journée.	
b) correspond à la forme du verbe non conjugué ?	Il faut **faire** confiance à la vie.	
c) correspond à la forme adjectivale du verbe ?	Le temps **perdu** ne se rattrape plus.	
d) exprime généralement une incertitude, une obligation, un souhait ou une intention ?	– Il faudrait que je **finisse** le plus tôt possible. – Je veux que nous **passions** plus de temps ensemble.	
e) exprime généralement un fait certain, ou considéré comme certain, ou une probabilité ou une condition ?	Je **marche** chaque jour. Je **pourrais** le faire plus souvent.	

> ### rappel
>
> Le choix de l'indicatif ou du subjonctif dans les subordonnées relatives et complétives se fait selon le verbe de la phrase dans laquelle elles sont insérées.

RÉVISION

3. Conjuguez les verbes entre parenthèses à un temps et à un mode qui conviennent au contexte. Justifiez votre choix à l'aide du tableau du numéro 2.

PHRASE	JUSTIFICATION
a) Il fallut que Jacques Cartier (**faire**) _____ deux voyages en Nouvelle-France avant d'arriver à l'emplacement actuel de Montréal, appelé à l'époque Hochelaga.	
b) Les explorateurs (**vouloir**) _____ se rendre en Asie et (**chercher**) _____ la route des épices.	
c) Les Français voulaient (**contrôler**) _____ le commerce des fourrures.	
d) Au milieu du 17ᵉ siècle, le roi Louis XIV décide de diriger lui-même la Nouvelle-France, (**gouverner**) _____ jusque-là par des compagnies.	
e) Il leur dit : « (**peupler**) _____ cette nouvelle colonie. »	
f) Le roi souhaitait que les colons (**exploiter**) _____ cette nouvelle terre pour que la France (**pouvoir**) _____ en profiter.	
g) Pour (**établir**) _____ ses colons, la France instaura le régime seigneurial.	
h) Il fallut que l'intendant Jean Talon (**prendre**) _____ des mesures pour encourager le peuplement.	

RÉVISION

LA REPRISE DE L'INFORMATION

1. a) Ajoutez les mots de la colonne de droite dans le texte afin de le rendre cohérent.

Hier, un jeune garçon de sept ans a été surpris par

_____sa_____ mère alors qu' (1)_____ fouillait dans

le sac à main de (2)_____. (3) _____

cherchait cent dollars pour un de (4) _____ amis

(5) _____ l'avait convaincu de dérober

(6) _____ pour une raison inconnue.

(7) _____, de cinq ans son aîné, exerçait depuis

quelque temps une influence négative sur (8) _____.

La mère de (9) _____ a porté plainte à la police.

- ~~sa~~
- ses
- cette somme
- ce jeune garçon
- il
- l'enfant
- celle-ci
- qui
- cet ami
- ce dernier

rappel

La **reprise de l'information** sert à assurer la cohérence entre les idées à l'intérieur d'une phrase ou d'un texte. Elle se manifeste par différents **procédés** :

- reprise totale ou partielle par un **pronom** ;
- reprise par un **GN** dont le noyau est un **nom** (synonyme, nom générique, périphrase, etc.) ;
- reprise par un **déterminant** différent ;
- reprise par un groupe adverbial ;
- reprise par un groupe verbal ;
- reprise par répétition.

Le **pronom**, le **GN** et le **déterminant** utilisés renvoient à un élément déjà mentionné dans la phrase ou dans le texte qu'on appelle **antécédent.**

RÉVISION

b) Remplissez le tableau suivant en vous référant au texte de la page précédente.

MOT DE REPRISE	CLASSE DE MOTS OU GROUPE	ANTÉCÉDENT
Exemple : sa	Déterminant	un jeune garçon…
1)		
2)		
3)		
4)		
5)		
6)		
7)		
8)		
9)		

2. Appliquez les procédés de reprise de l'information dans le texte suivant en respectant les classes de mots demandées et les marques d'accord.

Un chat a sauvé toute une famille en _____ alertant qu'un incendie s'était
_{pronom}
déclaré dans la maison. _____ maître s'était endormi, une cigarette toujours
_{dét.}
allumée entre _____ doigts.
_{dét.}

_____ a mis le feu au matelas. _____ se sont rapidement répandues
_{pronom} _{GN}
dans les draps. _____, qui dormait au pied du lit, a immédiatement sauté
_{GN}
sur _____ maître pour donner de petits coups de griffes sur _____ visage.
_{dét.} _{dét.}
L'homme a été réveillé par _____, ce qui _____ a permis de consi-
_{GN} _{pronom}
dérer le danger imminent qui _____ guettait, lui et les membres de _____
_{pronom} _{dét.}
famille. _____ a saisi _____ chat et a réveillé _____ afin de
_{GN} _{dét.} _{GN}
_____ faire sortir dehors.
_{pronom}

_____ se sont tous réfugiés chez _____ voisin, lequel a téléphoné
_{pronom} _{pronom}
aux pompiers. _____ sont rapidement arrivés sur les lieux de l'incident
_{pronom}
où _____ ont maîtrisé l'incendie en peu de temps et, du même coup,
_{pronom}
limité les dégâts.

Grâce à _____ rapidité d'esprit, _____ a pu sauver et _____
_{dét.} _{GN} _{dét.}
famille et _____ foyer. _____ propriétaire n'a pas hésité une seconde
_{dét.} _{dét.}
pour accepter que _____ soit décoré d'une médaille
_{GN}
par les pompiers pour _____ bravoure.
_{dét.}

RÉVISION

LES FONCTIONS SYNTAXIQUES

Il est important de distinguer les groupes de mots (**ce qu'ils sont**) de leur **fonction syntaxique** (**ce qu'ils font**). La fonction d'un groupe de mots dépend de sa position dans la phrase.

Exemples :

Le bateau était maintenant immobilisé contre la rive.

■ Le **GN** *le bateau* remplit la fonction sujet de la phrase.

Ils admiraient **le bateau.**

■ Le **GN** *le bateau* remplit la fonction complément direct du verbe *admiraient*.

Les manipulations syntaxiques (**addition, effacement, déplacement, remplacement**) nous aident à identifier les fonctions.

1. Classez les éléments suivants dans la colonne appropriée du tableau ci-dessous.

■ Groupe nominal	■ Modificateur	■ Prédicat
■ Complément de phrase	■ Groupe adjectival	■ Attribut
■ Sujet	■ Groupe verbal	■ Groupe prépositionnel
■ Subordonnée relative	■ Groupe adverbial	■ Complément de verbe
■ Subordonnée complétive	■ Complément du nom	■ Subordonnée complément de phrase

GROUPE DE MOTS	FONCTION SYNTAXIQUE

LES FONCTIONS DE LA PHRASE DE BASE

2. Dans les tableaux suivants, effectuez les manipulations indiquées.

a)

FONCTION SUJET DE LA PHRASE		
Phrase	**Manipulation**	**Réponse**
<u>Le bateau</u> s'éloigne de la rive sous la lumière de la lune.	**1)** Remplacement du GN souligné par un pronom (*il, elle, cela*, etc.)	
	2) Détachement du GN souligné par *C'est… qui.*	

Ces deux manipulations vous permettent d'identifier le groupe de mots qui exerce la fonction **sujet de la phrase.**

b)

FONCTION COMPLÉMENT DE PHRASE		
Phrase	**Manipulation**	**Réponse**
Le bateau s'éloigne de la rive <u>sous la lumière de la lune.</u>	**1)** Déplacement du GPrép souligné au début de la phrase.	
	2) Effacement du GPrép souligné.	
	3) Dédoublement du GPrép souligné par l'ajout de *et cela se passe* ou de *et cela se fait.*	

Ces trois manipulations vous permettent d'identifier un groupe de mots qui exerce la fonction **complément de phrase.**

Fonction prédicat

La fonction **prédicat** est toujours remplie par le groupe verbal. Ce groupe peut être identifié après avoir trouvé les groupes qui exercent les fonctions sujet et complément de phrase. Le groupe qui exerce la fonction **prédicat** est **non déplaçable** et **non effaçable.**

LES FONCTIONS DES EXPANSIONS DU VERBE DANS LE GV

{astuce}

- **Pour trouver le CD d'un verbe** : remplacez le **<u>GN</u>** qui suit le verbe par *quelque chose*. Si cela fonctionne, le <u>GN</u> est CD.
  Ex. : Je croque la <u>pomme</u> ➡ Je croque <u>quelque chose</u>. Le GN <u>la pomme</u> est CD.

- **Pour trouver le CI d'un verbe** : remplacez le **<u>GPrép</u>** qui suit le verbe par *à/de quelque chose*. Si cela fonctionne, le <u>GPrép</u> est CI.
  Ex. : Elle s'éloigne <u>de la sorcière</u> ➡ Elle s'éloigne <u>de quelque chose</u>. Le GPrép <u>de la sorcière</u> est CI.

3. Dans les tableaux suivants, effectuez les manipulations indiquées.

a)

FONCTION COMPLÉMENT DIRECT DU VERBE		
Phrase	**Manipulation**	**Réponse**
Blanche-Neige croqua <u>la pomme</u>.	1) Remplacement du GN souligné par un pronom (*le, la, les, l'* ou *cela*).	
	2) Remplacement du GN par *quelqu'un* ou *quelque chose*.	

Ces manipulations vous permettent d'identifier le groupe de mots qui exerce la fonction **complément direct**.

b)

FONCTION COMPLÉMENT INDIRECT DU VERBE		
Phrase	**Manipulation**	**Réponse**
La sorcière jeta un sort <u>à Blanche-Neige</u>.	1) Remplacement du GPrép souligné par un pronom (*lui, leur, y*).	
	2) Remplacement du GPrép souligné par une préposition + *quelqu'un* ou *quelque chose*, ou par *quelque part*.	

Ces manipulations vous permettent d'identifier le groupe de mots qui exerce la fonction **complément indirect**.

c)

FONCTION ATTRIBUT DU SUJET		
Phrase	**Manipulation**	**Réponse**
La sorcière est <u>méchante</u>.	Remplacement du GAdj souligné par un pronom (*le* ou *l'*).	

Cette manipulation vous permet d'identifier la fonction **attribut du sujet***.
L'attribut du sujet est non effaçable.
* La présence d'un **verbe attributif** (*être, paraître, sembler, devenir, etc.*) est nécessaire.

CHAPITRE 1

LES FONCTIONS DES AUTRES EXPANSIONS

4. Répondez aux questions ci-dessous en vous référant à la phrase suivante.

> Un matin de mai, Romuald partit travailler rouge de colère.

a) 1) Quel est le nom du groupe Un matin de mai ? _____

    2) Quel est son noyau ? _____

    3) Quel groupe de mots est l'expansion de ce noyau ? _____

    4) Quelle est la fonction de cette expansion par rapport au noyau ?

    _____

b) 1) Quel est le nom du groupe rouge de colère ? _____

    2) Quel est son noyau ? _____

    3) Quel groupe de mots est l'expansion de ce noyau ? _____

    4) Quelle est la fonction de cette expansion ?

    _____

    5) Quel est le nom du groupe de colère ? _____

    6) Quel est son noyau ? _____

    7) Quel groupe de mots est l'expansion de ce noyau ? _____

    8) Quelle est la fonction de cette expansion ? _____

> La fonction de ces expansions dépend du **noyau** auquel elles sont reliées.
> Les compléments du nom et de l'adjectif sont généralement **effaçables.**

LA FONCTION MODIFICATEUR

5. Récrivez la phrase suivante en y ajoutant le modificateur suggéré dans la colonne de gauche. Indiquez dans la colonne de droite la classe du mot modifié.

> Il y a longtemps, un vieil homme s'occupait de ses chevaux.

MODIFICATEUR	RÉPONSE	CLASSE DU MOT MODIFIÉ
très		
fort		
avec passion		

Le modificateur sert à modifier le sens d'un **verbe,** d'un **adverbe** ou d'un **adjectif.**

LES GROUPES SYNTAXIQUES ET LEURS FONCTIONS

6. a) Dans les phrases ci-dessous, soulignez le GN dont la fonction est indiquée. Si le GN est une expansion, encadrez le noyau auquel il est relié.

1) Sujet de la phrase : Le prince embrassa Blanche-Neige.

2) Complément direct du verbe : Le prince embrassa Blanche-Neige.

3) Complément de phrase : Un jour, la reine décida qu'elle en avait assez.

4) Complément du nom : Le prince, fils du roi, était en âge de se marier.

5) Attribut du sujet : La reine était une femme belle et rusée.

6) Attribut du complément direct : Elle appelle sa fille mon trésor.

b) Déterminez la fonction des GN soulignés dans les phrases suivantes. Appliquez, s'il y a lieu, une manipulation syntaxique appropriée pour justifier votre réponse.

Exemple :

Le prince était alors encore un enfant.

Fonction du GN : Attribut du sujet *le prince*

Manipulation : Le prince en était un.

1) Les sept nains s'occupaient d'elle avec affection.

Fonction du GN : _____

Manipulation : _____

2) Un soir de pleine lune, le chasseur partit avec elle.

Fonction du GN : _____

Manipulation : _____

3) Un soir de pleine lune, le chasseur partit avec elle.

Fonction du GN : _____

Manipulation : _____

4) Le Petit Chaperon rouge apporte une galette à sa grand-mère.

Fonction du GN : _____

Manipulation : _____

CHAPITRE 1

5) La reine, <u>souveraine du royaume</u>, était fort orgueilleuse.

Fonction du GN : _____

Manipulation : _____

7. a) Dans les phrases ci-dessous, soulignez le GV, le GVinf ou le GVpart exerçant la fonction indiquée. Si le GVinf et le GVpart sont des expansions, encadrez le noyau auquel ils sont reliés.

1) GV, prédicat :

Le peuple organisa une grande fête.

2) GVinf, sujet de la phrase :

Insulter la reine était chose facile.

3) GVinf, complément direct du verbe :

Elle voulait rester la plus belle de toutes.

4) GVinf, complément du nom :

Elle avait un rêve : rester la plus belle de toutes.

5) GVinf, complément du nom :

Le roi, semblant ignorer ce qui se passait, continuait à adorer sa femme.

6) GVpart, attribut du complément direct :

Le peuple organisa une grande fête soulignant le retour du roi.

b) À l'aide des phrases ci-dessus, donnez la fonction des GV, des GVinf et des Gvpart soulignés dans les phrases suivantes. Appliquez, s'il y a lieu, une manipulation syntaxique pour justifier votre réponse.

Exemple :

De petits hommes <u>habitaient cette coquette maison.</u>

Fonction du GV : <u>Prédicat</u>

Manipulation : <u>Aucune</u>

1) Ils voulaient <u>y demeurer encore longtemps.</u>

Fonction du GVinf : _____

Manipulation : _____

2) <u>Être si belle</u> importait peu à la princesse.

Fonction du GVinf : _____

Manipulation : _____

3) Les petits hommes, <u>dormant à poings fermés,</u> n'entendirent pas les bruits.

Fonction du GVpart : _____

Manipulation : _____

8. a) Dans les phrases données en exemple ci-dessous, soulignez les GAdj, les GPrép et les GAdv dont la fonction est indiquée. Si ces groupes sont des expansions, encadrez le noyau auquel ils sont reliés.

Le GAdj peut remplir la fonction :

1) de complément du nom :

Le bon roi ne semblait pas s'en faire.

2) d'attribut du sujet :

La forêt paraissait sombre et dangereuse.

3) d'attribut du complément direct :

La princesse trouve cette forêt sombre et dangereuse.

Le GPrép peut remplir la fonction :

1) de complément de phrase :

Durant la journée, elle s'affaira à nettoyer toute la maison.

2) de complément indirect du verbe :

Elle servit le dîner à ses nouveaux amis.

3) de complément du nom ou du pronom :

La peau de la princesse était blanche.

4) de complément de l'adjectif :

Le bon prince fut heureux de la retrouver.

5) d'attribut du sujet :

Les petits hommes étaient en larmes.

6) d'attribut du complément direct :

Ils tiennent la reine pour responsable.

Le GAdv peut remplir la fonction :

1) de complément de phrase :

Dorénavant, ils seront plus prudents.

2) de modificateur du verbe :

La petite fille entra lentement dans la maison.

3) de modificateur de l'adjectif :

Le grand méchant loup était fort mécontent de la situation.

4) de modificateur de l'adverbe :

Il aperçut très tôt sa proie venir vers lui.

5) d'attribut du sujet :

La grand-mère était ailleurs.

6) de complément indirect du verbe :

Le loup ira là-bas.

CHAPITRE 1

b) Soulignez le groupe de mots (GAdj, GPrép, GAdv) qui exerce la fonction syntaxique donnée. Précisez le nom de ce groupe et justifiez votre réponse en appliquant une manipulation syntaxique.

FONCTION	PHRASE	NOM DU GROUPE	MANIPULATION
Exemple : Attribut du sujet *Le Petit Chaperon rouge*	**1)** Le Petit Chaperon rouge était <u>en route</u> depuis le matin.	GPrép	Le Petit Chaperon rouge l'était depuis le matin.
Attribut du sujet *la traversée de la forêt*	**2)** La traversée de la forêt fut pénible pour la petite fille.		
Modificateur de l'adverbe *rapidement*	**3)** Très rapidement, le chasseur flaira le piège.		
Complément du nom *pot*	**4)** Le petit pot de beurre tomba par terre.		
Complément du nom *nuit*	**5)** L'horrible nuit semblait ne jamais devoir prendre fin.		
Complément de phrase	**6)** Les contes, auparavant, étaient lus aux enfants pour les endormir.		
Complément du nom *ombre*	**7)** Les arbres projetaient des ombres gigantesques.		
Complément de l'adjectif *morte*	**8)** La grand-mère était morte de peur.		
Modificateur du verbe *se pourlécha*	**9)** La bête se pourlécha goulûment les babines.		
Attribut du sujet *Le regard de la fillette*	**10)** Le regard de la fillette paraissait ailleurs.		
Attribut du sujet *elle*	**11)** Au matin, elle se sentit brave et courageuse.		
Complément de phrase	**12)** Le Petit Chaperon rouge était en route depuis le matin.		
Complément indirect du verbe *s'adressa*	**13)** Le loup s'adressa à la petite fille.		
Attribut du sujet *la maison*	**14)** La maison semblait inhabitable.		
Modificateur de l'adjectif *brutale*	**15)** L'histoire se termina de façon fort brutale.		

CHAPITRE 1

LES TYPES ET LES FORMES DE PHRASES

> Caractéristiques de la phrase de base :
> - Elle respecte la construction suivante : GS + GV + GCP.
> - Elle est déclarative, positive, active, neutre et personnelle.
>
> On appelle **phrase transformée** toute phrase dont une ou plusieurs des caractéristiques sont différentes de celles de la phrase de base.

1. Parmi les phrases du tableau ci-dessous, cochez celles qui présentent les caractéristiques de la phrase de base.

PHRASE	✓	PHRASE	✓
Des lueurs blanches glissaient sur les champs.		Prends cette faucille à la place.	
Pourquoi ne m'y installerais-je pas ?		Daïg était un rude gaillard qui avait un courage exceptionnel.	

2. Dans chacune des phrases transformées, trouvez la caractéristique qui diffère de celles de la phrase de base. Pour vous aider, utilisez les mots en caractères gras dans les phrases transformées et les choix de réponses.

> **Phrase de base :** Yann rencontra la princesse dans le bois au lever du jour.

PHRASE TRANSFORMÉE	CARACTÉRISTIQUE QUI DIFFÈRE	CHOIX DE RÉPONSES
a) Quand Yann rencontra-**t-il** la princesse dans le bois **?**		■ La phrase n'est pas positive.
b) Yann **ne** rencontra **pas** la princesse dans le bois au lever du jour.		■ La phrase n'est pas neutre.
c) **La princesse fut rencontrée par Yann** dans le bois au lever du jour.		■ La phrase n'est pas déclarative.
d) **Il fut** convenu que Yann rencontrerait la princesse dans le bois au lever du jour.		■ La phrase n'est pas active.
e) **Rencontre** la princesse dans le bois au lever du jour.		■ La phrase n'est pas personnelle.
f) **La princesse,** Yann **la** rencontra dans le bois au lever du jour.		

LES TYPES DE PHRASES

Il existe quatre **types de phrases.**

- **Déclaratif** : ce type respecte la structure de la phrase de base et **affirme** quelque chose. ➡ *J'ai mangé.*

- **Interrogatif** : ce type permet de **poser une question** dans le but d'obtenir une réponse. ➡ *As-tu mangé ?*

- **Impératif** : ce type permet de **donner** un **ordre,** un **conseil** ou de formuler un souhait. ➡ *Mange.*

- **Exclamatif** : ce type permet d'**exprimer** une **émotion** par rapport à une situation. ➡ *Comme j'ai mangé !*

Chaque phrase n'appartient qu'à **un seul** type.

3. Dans le tableau de la page suivante, classez chacune des phrases soulignées.

Le berger

Le chef du village disparut dans la nuit avec ses compagnons. Le ciel s'était camouflé au charbon. Sur la route, ils virent une lueur inhabituelle tracer un pont entre deux petites collines.

– Quelle étrange lumière brille au loin !, s'exclama l'un d'eux, tout en évitant d'élever la voix. Ils avancèrent lentement dans les ténèbres épaisses, guidés par la lumière. Au bout d'un moment, ils aperçurent un berger veillant près d'un feu, des moutons sommeillant non loin. Il faisait griller un morceau de viande piqué au bout d'une longue branche. Emmitouflé dans une épaisse couverture de laine, il détourna à peine la tête quand il entendit approcher ses visiteurs. Le chef du village demanda, sans même daigner se présenter :

– Avez-vous vu passer un ogre par ici ? Nous sommes à sa recherche…

Le berger dit simplement, d'une voix plus grave que le pire des drames :

– Avez-vous faim ? Cette viande est tendre, vous savez. Approchez. Comme nous nous régalerons !

Puis lentement, il se leva. On aurait dit qu'il grandissait au fur et à mesure qu'il se levait, tel un monstre émergeant de la terre. Que sa tête semblait petite au bout de son corps ! La couverture glissa à ses pieds : sa panse énorme rebondit et s'agita. Quelque chose grouillait à l'intérieur. La viande fumante piquée au bout de la branche touchait presque le nez des trois hommes. N'était-ce pas la forme d'une main ? Le chef du village n'insista pas et cria à ses compagnons, tandis que le berger se mit à rire en même temps que ses moutons se mirent à bêler :

– Sauvons-nous !

{astuce}

TYPE	PHRASE CLASSÉE
Déclaratif	
Interrogatif	
Impératif	
Exclamatif	

4. a) Indiquez quelle manipulation syntaxique (**addition, effacement, déplacement, remplacement**) a été utilisée pour transformer la phrase de base.

TYPE	PHRASE DE BASE	MANIPULATION
Exemple : Déclaratif	Tu as couru sans regarder derrière toi.	Aucune

TYPE	PHRASE TRANSFORMÉE	MANIPULATION
Interrogatif	Est-ce que tu as couru sans regarder derrière toi ?	
	As-tu couru sans regarder derrière toi ?	
	Pourquoi as-tu couru sans regarder derrière toi ?	
	Comment as-tu couru ?	
Impératif	Cours sans regarder derrière toi.	
Exclamatif	Comme tu as couru !	

b) Transformez les phrases de base selon le type demandé.

Les amours fidèles de Catherine et Misaël durent depuis longtemps.	Type exclamatif	
Il but une gorgée de thé noir.	Type impératif	
Tu prends ta place à la table avec les invités.	Type interrogatif	
La réalité devient semblable au rêve.	Type impératif	
Vous videz votre tasse.		

LES FORMES DE PHRASES

Il existe huit **formes de phrases** au total. Elles apparaissent en groupes de deux, étant donné que chaque forme a son contraire.

FORMES DE LA PHRASE DE BASE	FORMES DES PHRASES DÉRIVÉES
Positive	Négative
Active	Passive
Neutre	Emphatique
Personnelle	Impersonnelle

5. a) La colonne de droite contient des phrases dont les formes sont contraires aux formes de la phrase de base. Transcrivez-les au bon endroit dans le tableau.

FORME DE LA PHRASE DE BASE	FORME DE LA PHRASE TRANSFORMÉE	LISTE DES PHRASES
Positive	**Négative**	■ Nous, nous allons monter la garde auprès du poirier.
Ils allumèrent un feu dans la cheminée.		
Active	**Passive**	■ Ils n'allumèrent pas de feu dans la cheminée.
Le maître des lieux conduisit son client dans une immense salle.		
Neutre	**Emphatique**	■ Il se produisit un accident fâcheux.
Nous allons monter la garde auprès du poirier.		
Personnelle	**Impersonnelle**	■ Le client fut conduit dans une immense salle par le maître des lieux.
Un accident fâcheux se produisit.		

CHAPITRE 1

b) Appliquez les manipulations syntaxiques indiquées pour transformer chacune des phrases de base.

PHRASE DE BASE	MANIPULATION SYNTAXIQUE	PHRASE DÉRIVÉE
Positive		**Négative**
Les invités mangèrent dans le château.	Encadrement du verbe par l'adverbe *ne… pas, ne… jamais, ne… plus,* etc.	
	Remplacement du déterminant du GS par *aucun(e)* et addition de l'adverbe *ne* devant le verbe.	
Active		**Passive**
Les gens du royaume arrêtèrent le malfaiteur.	1. Inversion du GS et du CD. 2. Addition de l'auxiliaire *être* et du participe passé du verbe. 3. Addition de *par* ou *de* après le participe passé.	
Neutre		**Emphatique**
La princesse combattit férocement le dragon.	Détachement du groupe de mots à emphatiser par *C'est… qui* ou *C'est… que*.	
	Addition d'un pronom qui reprend un groupe de mots déjà présent dans la phrase.	
Personnelle		**Impersonnelle**
Des lumières apparaissent dans le ciel.	1. Déplacement du GS à droite du verbe. 2. Addition du pronom *Il* au début de la phrase.	

c) Transformez les phrases suivantes selon la forme demandée.

PHRASE DE BASE	FORME	PHRASE DÉRIVÉE
Un trésor existe au pied de cette croix.	Impersonnelle	
Quelqu'un parmi eux répondit.	Négative	
Les hommes ont retrouvé le trésor.	Négative, emphatique	
Des inconnus avaient caché le trésor.	Passive	

PHRASE DE BASE	FORME	PHRASE DÉRIVÉE
Le diable garde le trésor.	Emphatique	
Les deux autres acceptèrent cette idée.	Passive, négative	

d) Déterminez le type et les formes de chacune des phrases suivantes.

PHRASE	TYPE	FORME
Attends-moi !		
La princesse n'a-t-elle pas été retrouvée par le valeureux chevalier ?		
Comme ils l'ont conduit vers le ciel, ce canot volant !		
Il leur était interdit de boire de l'eau-de-vie jusqu'au lever du soleil.		

{astuce}

Dans une phrase de base, quand deux ou plus de deux **pronoms compléments** de verbe sont placés devant celui-ci, ils doivent toujours suivre l'ordre suivant : 1. **l', le, la** ou **les** ; 2. **lui** ou **leur** ; 3. **y** ; 4. **en.**

Exemples : Tu **le lui** dis. / Tu **lui en** parles. / Tu **l'y** mènes.
Cet ordre est le même lorsque la phrase est de type impératif.

Exemples : Dis-**le-lui.** / Parle-**lui-en.** / Mène-**l'y.**

Attention ! Au mode impératif, à la 2ᵉ personne du singulier, les verbes en *-er* perdent le **s** de la terminaison, sauf si le verbe est suivi de *y* ou de *en*. Pour une raison de liaison, on doit alors ajouter le **s**.

Exemples : Pens**e**-le. MAIS Pens**es**-y. / Donn**e**-le. MAIS Donn**es**-en.

LES PHRASES À CONSTRUCTION PARTICULIÈRE

1. Relevez les différences entre les phrases de départ et les phrases à construction particulière.

PHRASE DE DÉPART	PHRASE À CONSTRUCTION PARTICULIÈRE
Il est interdit de passer.	Passage interdit.
Je vous souhaite de passer une bonne nuit.	Bonne nuit.
Prenez garde au chien.	Gare au chien.
Il faut incorporer le lait au mélange.	Incorporer le lait au mélange.
L'hiver arrive.	Voici l'hiver.

_____

_____

_____

Les phrases qui ne contiennent pas les deux groupes obligatoires, GS et GV, sont dites **phrases à construction particulière.**

Les trois sortes de phrases à construction particulière sont :

- la **phrase non verbale** (phrase sans GV) ➡ Bonne nuit.
- la **phrase infinitive** (formée autour d'un verbe à l'infinitif) ➡ Partir au loin.
- la **phrase à présentatif** (formée avec un présentatif comme *voici, voilà, il y a* et *ce + être*) ➡ Voici l'hiver ; Ce sera ma dernière chance.

2. Indiquez la sorte de construction particulière à laquelle correspond chacune des phrases suivantes.

PHRASE À CONSTRUCTION PARTICULIÈRE	SORTE DE CONSTRUCTION
Voici des gens qui ne sont guère polis.	
À la prochaine !	
Répondre aux questions suivantes.	
Toutes mes félicitations !	
Voir l'explication ci-dessous.	
Il y avait une croix sous laquelle un trésor avait été enfoui.	
Prendre le taureau par les cornes.	

 © Éditions Grand Duc

L'ACCORD DU VERBE

> Le verbe reçoit l'accord du noyau qui exerce la fonction **sujet**. Le sujet peut parfois être difficile à repérer, ou sa personne et son nombre peuvent être difficiles à déterminer.
>
> Le remplacement par un pronom (**il/elle, ils/elles, cela**) et le détachement (**C'est… qui** ou **Ce sont… qui**) sont des manipulations qui permettent de bien identifier le GS.

1. Dans les phrases suivantes, corrigez les erreurs d'accord du verbe. Pour ce faire, soulignez le groupe qui exerce la fonction sujet, encerclez son noyau, trouvez la personne et le nombre du noyau, reliez-le par une flèche au verbe receveur et corrigez le verbe.

PHRASE	GENRE ET NOMBRE DU NOYAU	CORRECTION
Exemple : Le (groupe) d'hommes partirent en canot volant.	3ᵉ personne du singulier	partit
a) Jules, Lucien et moi ont prononcé l'incantation diabolique.		
b) Qu'ils manquent le bateau pourraient leur être fatal.		

2. Dans le tableau suivant, récrivez les phrases du numéro **1** vis-à-vis du cas particulier. Vérifiez la terminaison des verbes et corrigez-la au besoin.

CAS PARTICULIER	PHRASE
Le groupe qui exerce la fonction sujet a pour noyau un nom **collectif** (*groupe, bande, clan*, etc.). L'accord se fait à la **3ᵉ personne du singulier** avec le nom collectif noyau du GN si le **déterminant** qui le précède est **défini** (*le, ce, mon*). Si le déterminant est **indéfini** (*un, une, des*), l'accord peut se faire au **singulier** ou au **pluriel** selon le **contexte.**	
Le groupe qui exerce la fonction sujet est composé de plusieurs GN. Si les GN sont tous de la 3ᵉ personne, le GS représente la 3ᵉ personne du pluriel. Si les GN sont de la 2ᵉ et de la 3ᵉ personne, le GS représente la 2ᵉ personne du pluriel. Si l'un des GN est de la 1ʳᵉ personne, le GS représente la 1ʳᵉ personne du pluriel.	
Le sujet peut être une **subordonnée complétive** ou un **GVinf.** L'accord se fait **toujours à la 3ᵉ personne du singulier.**	

CHAPITRE 1

3. Dans chacune des phrases suivantes, soulignez le GS, encerclez le noyau du groupe qui exerce cette fonction, cochez sa personne (1re, 2e, 3e) et son nombre (S = singulier ; P = pluriel) et accordez le verbe entre parenthèses à l'indicatif présent.

	1re	2^e	3^e	S	P
Exemple : Un (tas) de feuilles nous (dissimuler) dissimule.	○	○	✓	✓	○
a) Ta sœur et toi (aimer) _____ raconter des histoires.	○	○	○	○	○
b) Qui cherche trop à s'enrichir (s'appauvrir) _____ .	○	○	○	○	○
c) Cette famille d'ours (sembler) _____ bien inoffensive.	○	○	○	○	○
d) Sous les arbres (se promener) _____ les enfants.	○	○	○	○	○
e) Elle, toi et moi (écrire) _____ un conte fantastique ensemble.	○	○	○	○	○
f) Un amoncellement de nuages, gris et lourds, (assombrir) _____ la lumière du jour.	○	○	○	○	○
g) Courir le plus vite possible, action du poursuivant et réaction du poursuivi, (être) _____ la seule façon de s'en sortir.	○	○	○	○	○
h) Être la plus belle lui (procurer) _____ beaucoup de satisfaction.	○	○	○	○	○
i) Nous tous, parce qu'il est impossible de savoir ce qui nous serait arrivé sans votre aide, vous (remercier) _____ sincèrement.	○	○	○	○	○
j) Un essaim d'abeilles (se jeter) _____ sur lui.	○	○	○	○	○

LA CONJUGAISON : TEMPS SIMPLES ET TEMPS COMPOSÉS

1. a) Indiquez si les verbes suivants sont conjugués à un temps simple (S) ou à un temps composé (C).

VERBE	S ou C	VERBE	S ou C	VERBE	S ou C
Je placerais		Je sais		Tu auras envoyé	
J'aurais placé		Que tu saches		Elles font	
J'étudie		Elles avaient reçu		Avoir fait	
Nous voulions		Qu'il ait senti		Elles auraient fait	
Il aurait voulu		Vous eûtes fait		Ayant eu	

- Un verbe conjugué à un **temps simple** est formé d'un seul mot.
  Exemple : Je construis.

- Un verbe conjugué à un **temps composé** est formé de deux mots : un *auxiliaire* (*être* ou *avoir*) et un participe passé.
  Exemple : J'*ai* construit.

- Chaque temps simple correspond à un temps composé. L'auxiliaire du verbe au temps composé est conjugué au temps simple correspondant.
  Exemple : Je **finis** (Indicatif présent) ➡ J'**ai** fini (Indicatif passé composé)

L'**auxiliaire** du passé composé se conjugue au **présent,** le temps simple qui lui correspond.

b) Complétez le tableau suivant à l'aide d'un ouvrage de conjugaison et du modèle *aimer*. Soulignez la terminaison de tous les verbes et auxiliaires pour bien les lier au temps et au mode auxquels ils correspondent.

MODE	TEMPS SIMPLE	*EXEMPLE*	TEMPS COMPOSÉ	*EXEMPLE*
Indicatif	présent	J'aime		J'ai aimé
	imparfait			J'avais aimé
		J'aimai	passé antérieur	
	futur simple			
Subjonctif			conditionnel passé	J'aurais aimé
	présent			

CHAPITRE 1

MODE	TEMPS SIMPLE	*EXEMPLE*	TEMPS COMPOSÉ	*EXEMPLE*
Impératif				Aie aimé
Infinitif		Aimer		
Participe			passé	

c) Indiquez à quel mode et à quel temps simple sont conjugués les verbes suivants. Indiquez le temps composé correspondant. Conjuguez les verbes à ce temps composé. Pour vous aider, consultez un ouvrage de conjugaison.

VERBE CONJUGUÉ AU TEMPS SIMPLE	MODE ET TEMPS SIMPLE	MODE ET TEMPS COMPOSÉ CORRESPONDANT	VERBE CONJUGUÉ AU TEMPS COMPOSÉ
Exemple : Je ferai	Ind. futur simple	Ind. futur antérieur	J'aurai fait
1) Ils voulurent			
2) Je reçois			
3) Croire			
4) Que je boive			
5) Je vendais			
6) Prenant			
7) Nous craindrions			
8) Dis			
9) Tu liras			

2. Conjuguez les verbes suivants au temps et au mode demandés. Pour vous aider, consultez un ouvrage de conjugaison.

a) L'héritier (*demander,* **ind. plus-que-parfait**) _____ à revoir son grand-père une dernière fois.

b) Le montant qu'il (*recevoir,* **ind. passé simple**) _____ lui (*faire,* **ind. conditionnel passé**) _____ plaisir en d'autres circonstances.

c) (*vivre,* **infinitif passé**) _____ avec ses grands-parents (*être,* **ind. plus-que-parfait**) _____ pour lui une expérience enrichissante.

d) (*comprendre,* **participe passé, 2ᵉ forme**) _____ sa mission, il (*aller,* **ind. passé simple**) _____ consulter un oracle.

e) « (*aller,* **impératif présent**) _____ au bout de ton destin », lui (*répondre,* **ind. plus-que-parfait**) _____ celui-ci.

LA FORMATION DES MOTS

1. a) À l'aide d'un dictionnaire, émettez une hypothèse sur le sens des préfixes et des suffixes du tableau suivant.

PRÉFIXE	SENS	SUFFIXE	SENS
aéro-		-iatrie	
laryngo-		-mancie	
psych-		-logie	
chiro-		-itude	
para- (2 sens)		-cide	

b) À l'aide des préfixes, des suffixes et des sens donnés en **a)**, trouvez les mots qui correspondent aux définitions suivantes.

1) Procédé de divination fondé sur l'étude de la main _____

2) Science de la navigation aérienne _____

3) Caractère de ce qui est juste, rigoureux. _____

4) Étude du larynx _____

5) Se dit d'un produit qui détruit les mauvaises herbes _____

6) Étude et traitement des maladies mentales _____

7) Dispositif destiné à protéger les bâtiments de la foudre _____

8) Qui est en relation avec l'enseignement donné à l'école _____

■ La dérivation lexicale à l'aide des préfixes et des suffixes permet de **former des mots nouveaux** ou de **connaître le sens des mots employés dans un texte.**

■ Un préfixe est un élément qui se place **au début du mot** et qui en modifie le sens.

Exemple : continental ➡ **trans**continental

■ Un suffixe est un élément qui s'ajoute **à la fin du mot** pour en modifier la classe.

Exemple : rang**er** = verbe / rang**ement** = nom

2. a) Associez chacun des préfixes suivants à l'un des sens proposés dans la dernière colonne. Ensuite, trouvez un mot contenant ce préfixe. Au besoin, utilisez un dictionnaire.

PRÉFIXE	SENS	MOT	SENS
Exemple : agro-	champ	agronomie	■ peau
péri-			■ plusieurs
géo-			■ presque
hélio-			■ peuple
chloro-			■ ~~champ~~
démo-			■ hors de
dermato-			■ avant ; antériorité
extra-			■ vert
anté-			■ autour
quasi-			■ soleil
pluri-			■ quatre
omni-			■ terre
tétra-			■ tout

b) Associez chacun des suffixes suivants à l'un des sens proposés dans la dernière colonne. Ensuite, trouvez un mot contenant ce suffixe. Au besoin, utilisez un dictionnaire.

SUFFIXE	SENS	MOT	SENS
Exemple : -scope	voir, vision	périscope	■ traitement médical
-manie			■ aimer
-onyme			■ obsession, passion
-mètre			■ roue
-phobie			■ peur
-algie			■ mesure
-drome			■ science, étude
-logie			■ ~~voir, vision~~
-thérapie			■ écrit
-technie			■ douleur
-cycle			■ course
-gramme			■ qui porte le nom
-philie			■ science, art

3. Dans le texte suivant, séparez par un trait les préfixes et les suffixes des mots soulignés. Donnez le sens de ces mots, puis vérifiez vos réponses à l'aide d'un dictionnaire. (Attention ! Il ne faut pas confondre le sens d'un mot et sa définition.)

La psych/analyse, la **(a)** psychothérapie et la **(b)** psychiatrie peuvent aujourd'hui apporter des changements importants chez des patients souffrant **(c)** d'agoraphobie, de **(d)** cleptomanie, de **(e)** névrose, **(f)** d'histrionisme et de troubles **(g)** schizoïdes.

La **(h)** pluridisciplinarité et la **(i)** polyvalence des thérapeutes ont conduit à l'utilisation de la **(j)** musicothérapie, de la **(k)** zoothérapie ou même encore de **(l)** l'acupuncture pour guérir certains patients.

{astuce}

La connaissance du sens des préfixes et des suffixes nous permet d'avoir une idée générale sur le sens du mot. Souvent, ce sens se rapproche de la définition du dictionnaire.

MOT	SENS
Exemple : psychanalyse	analyse de l'âme
a) psychothérapie	
b) psychiatrie	
c) agoraphobie	
d) cleptomanie	
e) névrose	
f) histrionisme	
g) schizoïdes	
h) pluridisciplinarité	
i) polyvalence	
j) musicothérapie	
k) zoothérapie	
l) acupuncture	

CHAPITRE 1

L'ACCORD DES NOMS COMPOSÉS

1. a) En associant chacun des mots de la première colonne à un mot de la deuxième colonne, formez un nom composé. Identifiez la classe de chaque mot qui forme le nom composé.

MOT		RÉPONSE	CLASSE DE MOTS
Exemple : Taille	d'œuvre	Taille-crayon	verbe + nom
Chemin	tête	1)	
Micro	bouchon	2)	
En	de fer	3)	
Robe	fort	4)	
Coffre	en-ciel	5)	
Chef	pensée	6)	
Arrière	de chambre	7)	
Tire	crayon	8)	
Arc	ordinateur	9)	

{astuce}

Les préfixes ont la particularité de s'agglomérer au nom. Le nom s'écrit donc sans trait d'union, sauf si une **même** voyelle apparaît à la fin du préfixe et au début du nom.
Ex. : micro-ordinateur, micro**é**conomie

Le préfixe est toujours invariable.
Ex. : des **micro**-ondes

Le pluriel des noms composés se forme selon les classes de mots qui les composent.

- Le **nom** prend généralement la marque du pluriel (*ex. :* des aides-comptables), sauf s'il est précédé d'une **préposition** (*ex. :* des hôtels **de** ville) ou s'il est complément du premier nom (*ex. :* des timbres-poste ➡ des timbres pour la poste).
- L'**adjectif** prend la **marque du pluriel.**

Exemples : des amours-**propres** ; des **rouges**-gorges.

- Le **verbe,** l'**adverbe** et la **préposition** ne prennent **jamais la marque du pluriel.**

Exemples : des couvre-livres, des avant-premières

- Le **nom qui suit la préposition** est généralement **invariable.**

Exemple : des pommes de terre

b) Donnez le pluriel des noms composés formés en **a)** et justifiez votre accord.

NOM COMPOSÉ	PLURIEL	JUSTIFICATION
Exemple : Un taille-crayon	Des taille-crayons	taille : verbe, inv. crayons : nom, variable
1)		
2)		
3)		
4)		
5)		
6)		
7)		
8)		
9)		

2. Donnez le pluriel des noms composés suivants.

NOM SINGULIER	NOM PLURIEL	NOM SINGULIER	NOM PLURIEL
a) Un va-et-vient		**i)** Un qu'en-dira-t-on	
b) Un cheval de mer		**j)** Un lève-tôt	
c) Un savoir-faire		**k)** Un point-virgule	
d) Un maître d'école		**l)** Une basse-cour	
e) Un compte-goutte		**m)** Un sans-abri	
f) Un procès-verbal		**n)** Un à-côté	
g) Un garde-chasse		**o)** Un compte rendu	
h) Un je-ne-sais-quoi		**p)** Un grand-père	

LA FONCTION COMPLÉMENT DU NOM ET DU PRONOM

1. Soulignez, dans les phrases suivantes, les dix GN formés d'un noyau et d'au moins une expansion. Encerclez les noyaux.

   a) Il frappe à la porte de la chambre.

   b) Ceux qui refusent l'autorité en subissent parfois les conséquences désagréables.

   c) Julie a intégré les quatre groupes alimentaires dans son nouveau régime de vie.

   d) Georges, policier à la retraite, fait de la prévention auprès des jeunes du secondaire.

   e) Certains d'entre nous aiment se retrouver dans le salon étudiant.

> Dans le GN, les expansions remplissent la fonction de **complément du nom** ou du **pronom**. Ces compléments peuvent être soit des **GAdj**, des **GPrép**, des **GN**, des **GVpart** ou des **Sub. rel.**

2. Dans les phrases suivantes, soulignez les GN qui possèdent au moins une expansion. Écrivez ces expansions et donnez le nom du groupe de mots qu'elles forment.

PHRASE	EXPANSION	NOM DU GROUPE
Dans le cadre de la semaine internationale contre le racisme, l'école a invité ces intéressants conférenciers.		
La cafétéria a proposé un menu varié aux saveurs exotiques qui a fait l'enchantement de tous les élèves.		
Elles faisaient la promotion d'une société harmonieuse dont la force se basait sur l'entraide et le partage, valeurs essentielles.		

3. Ajoutez des compléments du nom et du pronom dans le texte suivant.

Le _____ jour _____ venait tout juste
de se terminer. Angélique, _____, m'attendait en bordure
du champ _____. Ses pieds _____
se tordaient dans ses chaussures _____. Elle sortit
de la poche _____ un _____ paquet
_____, celui _____. Elle en mit
un dans sa bouche. Au cours de l'après-midi, le ciel s'était lourdement obscurci,
le vent s'était levé : les feuilles des _____ ormes
_____ semblaient applaudir à tout rompre la sortie
_____ des élèves. Les autobus grondaient dans la cour
_____ de l'école. La cloche, _____,
venait de sonner.

LA FONCTION COMPLÉMENT DE VERBE

1. Soulignez les 16 GV dans le texte suivant et encerclez les noyaux.

> Luc, Lucie et moi sommes partis de Québec tôt hier matin. Nous savions que nous allions arriver trop tôt, mais nous voulions à tout prix éviter les bouchons de circulation. Il faisait froid, mais le ciel était dégagé. Le matin baignait dans l'ombre figée. Et nous, nous partions pour la gloire. Luc était très excité tandis que Lucie regrettait déjà son lit. Pour ma part, je demeurais prudent, mais confiant en l'avenir qui nous attendait. La lumière du jour se manifestait, l'œil fiévreux du ciel apparaissant au fur et à mesure que sa lourde paupière se soulevait.

Le noyau d'un GV est toujours un **verbe.** Ce verbe peut appartenir à l'une des trois catégories suivantes :

- **transitif** : s'emploie avec un <u>complément direct</u> ou <u>indirect</u>, ou les deux.
  Exemple : Il **lit** <u>le journal</u> <u>à son ami</u>.

- **intransitif** : s'emploie sans complément.
  Exemple : Son ami **rit.**

- **attributif** : s'emploie avec un <u>attribut du sujet</u>.
  Exemple : Tous les deux **semblent** <u>heureux</u>.

  Les principaux verbes attributifs sont *être, paraître, sembler, devenir, rester, demeurer,* etc.

- **pronominal** est précédé d'un pronom personnel (*me, te, se, nous, vous*) de la même personne que celle du sujet.
  Exemple : Ils *se* **sont endormis.**

- **impersonnel** s'emploie seulement à la troisième personne du singulier et est précédé du pronom *il*. Ce verbe a un sujet qui ne représente ni une personne, ni une chose, ni une idée.
  Exemple : Il **pleut** encore.

2. **a)** Soulignez le GV dans chacune des phrases suivantes et indiquez s'il est pronominal ou impersonnel.

PHRASE	CATÉGORIE
1) Ils se sont aimés passionnément.	
2) Il court de drôles de rumeurs à ton sujet.	
3) Est-il permis de fumer à cet endroit ?	
4) Se sont-ils parlé depuis leur dispute ?	
5) Vous vous êtes complètement égarés.	

b) Soulignez le verbe conjugué dans chacune des phrases suivantes et indiquez si le verbe est transitif, intransitif ou attributif.

PHRASE	CATÉGORIE
1) Il lui parle de son voyage.	
2) Elle lui a donné l'heure juste.	
3) Il court dans le champ.	
4) Janine semble sensible à la fumée.	
5) Elle est tombée malade après le souper.	
6) Je lui prends sa place.	
7) Dort-il bien ?	
8) Je ne mens jamais.	

Les verbes transitifs s'emploient avec deux types de compléments : le complément direct et le complément indirect.

LES CARACTÉRISTIQUES DU COMPLÉMENT DIRECT (CD)	LES CARACTÉRISTIQUES DU COMPLÉMENT INDIRECT (CI)
■ c'est habituellement un GN, une sub. complétive ou un GVinf. *Exemples :* – Je fais <u>mes devoirs</u> (GN). – Je sais <u>que cela me sera utile</u> (sub. complétive). – J'aime <u>chanter</u> (GVinf).	■ c'est habituellement un GPrép, une sub. complétive ou un GAdv. *Exemples :* – Je te préviens <u>de mon retard</u> (GPrép). – Je te préviens <u>que je serai en retard</u>. (sub. complétive) – J'irai <u>là-bas</u>. (GAdv)
■ le groupe qui exerce la fonction de complément direct peut être remplacé par le pronom *l', le, la, les*, ou *en*. *Exemples :* – Je <u>le</u> fais. – Je <u>le</u> sais.	■ le groupe qui exerce la fonction de complément indirect peut être remplacé par le pronom *lui, leur, en* ou *y*. *Exemples :* – Je t'<u>en</u> préviens. – Je <u>lui</u> en parle. – J'<u>irai</u>.
■ le groupe qui exerce la fonction de complément direct peut être remplacé par les mots *quelqu'un / quelque chose* ou *cela*. *Exemples :* – Je fais <u>quelque chose</u>. – Je sais <u>cela</u>. – J'aime <u>cela</u>.	■ le groupe qui exerce la fonction de complément indirect peut être remplacé par une préposition (la plupart du temps *à* ou *de*) accompagnée de *quelqu'un* ou *quelque chose*, ou par *quelque part*. *Exemples :* – Je te préviens <u>de quelque chose</u>. – Je parle <u>de quelque chose à quelqu'un</u>. – J'irai *quelque part*.

3. Soulignez les compléments de verbe dans les phrases et indiquez, en appliquant la manipulation de remplacement, s'ils sont directs (CD) ou indirects (CI).

PHRASE	MANIPULATION	DIRECT OU INDIRECT
Exemple : Cet exercice comporte <u>plusieurs difficultés</u>.	Comporte *quelque chose*	CD
a) J'échangerais bien mon jus contre ton biscuit.		
b) Ton discours a convaincu tous les auditeurs.		
c) Étienne en parle à ses amis.		

PHRASE	MANIPULATION	DIRECT OU INDIRECT
d) Vous avez succédé à Janine à la direction de l'entreprise.		
e) Les élèves ont échoué à l'examen.		
f) L'enseignant de mathématiques les a rappelés à l'ordre.		
g) Les voleurs ont substitué le faux Renoir au vrai.		
h) J'ai aperçu ma grand-mère de l'autre côté de la rue.		
i) Je me suis aperçu que ce n'était pas elle.		

4. Complétez les phrases suivantes avec des CD ou des CI. Indiquez dans les parenthèses le type de complément de verbe ajouté.

a) Le petit homme s'enfuit _____ ( ) à toutes jambes.

b) Le géant prit _____ ( ) et l'emmena avec lui.

c) Le garçon demanda _____ ( ) de le laisser partir.

d) C'est alors qu'il aperçut _____ ( ) au loin.

e) L'ogre cria _____ ( ) avant de fuir.

f) Son père se souvint _____ ( ) juste à temps.

g) Ses enfants avaient joué _____ ( ) toute la journée.

h) Le héros avait failli _____ ( ) et il était triste.

LE GROUPE ADJECTIVAL

1. **a)** Dans le texte suivant, soulignez tous les groupes adjectivaux.

> Le grenier était haut et vaste, baigné d'une lumière vaporeuse projetée par deux lucarnes rondes, comme deux yeux grands ouverts sur le ciel. La poussière voltigeait à travers les contrastes blafards de l'éclairage naturel. Olivier était très calme, absorbé par le bruit sourd de la pluie s'abattant sur le vieux toit de tôle. À certains endroits dans la pièce, le plancher épongeait quelques gouttes d'eau fugitives qui s'infiltraient dans des fissures apparentes.

b) Remplissez le tableau suivant à l'aide des groupes adjectivaux relevés en **a)**. Pour la fonction syntaxique, choisissez entre *complément du nom* et *attribut du sujet*.

GAdj	NOYAU	EXPANSION (S'IL Y A LIEU)	FONCTION SYNTAXIQUE DU GAdj

2. a) Dans les phrases suivantes, encerclez les adjectifs et soulignez leurs expansions.

    1) Il est important de bien déjeuner tous les matins.

    2) Nous avons de très bonnes raisons de refuser votre proposition.

    3) Mes parents sont heureux des efforts que j'ai faits.

    4) Ce documentaire est fort intéressant.

    5) Je suis content que tu aies enfin osé donner ton point de vue sur la question.

    6) Sophie était rouge de colère à la suite de la discussion que nous avons eue.

Les **expansions** de l'adjectif dans le **GAdj** sont :

■ Le **GPrép**
    Exemples : Je suis fier **de toi.**
                 Je suis heureux **de te voir.**

Le **GPrép** remplit la fonction syntaxique de **complément de l'adjectif.**

■ La **sub. complétive introduite par le subordonnant** *que*
    Exemple : Les élèves sont heureux *qu'*il neige.

La **sub. complétive** *que* remplit la fonction syntaxique de **complément de l'adjectif.**

■ Le **GAdv**
    Exemple : Je suis **très** fier.

Le **GAdv** remplit la fonction syntaxique de **modificateur de l'adjectif.**

---

  b) Remplissez le tableau suivant à l'aide des adjectifs et des expansions que vous avez relevés en **a)**.

ADJECTIF	EXPANSION	NATURE DE L'EXPANSION	FONCTION SYNTAXIQUE DE L'EXPANSION

CHAPITRE 3

3. Complétez les phrases ci-dessous en y intégrant un GAdj formé d'une expansion de la colonne de droite et d'un adjectif de la colonne de gauche. Indiquez la fonction des GAdj.

ADJECTIF		EXPANSION DE L'ADJECTIF	
■ lasse	■ troublantes	■ ~~très~~	■ de vérité
■ légère	■ bonnes	■ que cette émission jadis populaire soit rediffusée	■ d'entendre autant de mauvaises nouvelles à la télévision.
■ ~~généreux~~	■ enchanté	■ bien	■ en contenu intellectuel

Phrase	Fonction du GAdj
Exemple : Cet animateur de télévision se montre <u>très généreux</u> avec ses invités.	Attribut du sujet *Cet animateur*
a) Jour après jour, Kim semble de plus en plus _____ _____.	
b) Les relations que les personnages de ce téléroman entretiennent entre eux sont _____.	
c) Cette émission humoristique, _____, n'a pas reçu de _____ critiques.	
d) Le public, _____ _____, reste encore attaché aux vieilles traditions.	

4. Dans les phrases suivantes, ajoutez des expansions aux GAdj en respectant les groupes indiqués.

a) Sophie, furieuse _____, a claqué la porte violemment.
   　　　　　　　　　　　GPrép

b) Nous lui avons demandé ce qu'il avait, car il avait l'air _____ triste.
   　　　　　　　　　　　　　　　　　　　　　　　　　　GAdv

c) Pour demain, il est essentiel _____.
   　　　　　　　　　　　　　　　　sub. complétive

d) Jacob est _____ amoureux _____.
   　　　　　　　GAdv　　　　　　　　　　　　GPrép

e) Contente _____, Florence s'est dite satisfaite
   　　　　　　　　sub. complétive

   _____.
   　　　GPrép

f) Cette situation, différente _____, est difficile _____.
   　　　　　　　　　　　　　GPrép　　　　　　　　　　　　　　　　GPrép

5. a) Dans le tableau suivant, soulignez les adjectifs et observez leur position par rapport au nom qu'ils complètent.

Exemple : Julie est une fille généralement <u>nerveuse</u>.	**3)** Je vous présente un roman épique.	**6)** Nous avons rencontré de charmants invités.
1) Il s'agit d'une situation grave.	**4)** Nous avons dû utiliser une carte routière pour retrouver notre chemin.	**7)** L'amour courtois était une règle que les chevaliers devaient respecter.
2) Le gouvernement provincial promet une baisse appréciable des impôts.	**5)** Les chercheurs s'intéressent au système nerveux.	**8)** As-tu remarqué cette haute montagne ?

On distingue deux sortes d'adjectifs : les **qualifiants** et les **classifiants**.

- Les adjectifs **qualifiants** attribuent une caractéristique au nom ou au pronom auquel ils sont liés. Ils peuvent être placés à gauche ou à droite du nom et peuvent être précédés de l'adverbe *très* ou de l'adverbe *tout à fait*.
- Les adjectifs **classifiants** attribuent une catégorie au nom ou au pronom auquel ils sont liés. Ils sont toujours placés à droite du nom et ne peuvent être précédés de l'adverbe *très*.

b) Remplissez le tableau suivant à l'aide des phrases présentées dans le tableau en **a)**.

ADJECTIF	SORTE	JUSTIFICATION AVEC L'ADVERBE *TRÈS* OU *TOUT À FAIT*
Exemple : nerveuse	Qualifiant	Julie est une fille généralement **très** nerveuse.

6. **a)** Dans les phrases suivantes, soulignez tous les adjectifs de couleur.

1) Noé est revenu du Mexique avec un teint hâlé et des cheveux jaune maïs.

2) La longue chevelure mordorée du héros ajoutait de la noblesse
   à sa prestance.

3) J'ai déchiré la manche de ma vieille veste kaki et j'ai perdu mes mitaines
   bleu marine.

4) Le ciel diffusait de douces lumières roses injectées de coulisses orange.

5) Tes yeux bleu-gris ne mentent jamais.

6) Ce peintre favorise les tons sépia et anthracite dans son œuvre.

7) Selon l'heure du jour, cette façade unique montre des nuances cuivrées
   ou gris acier.

8) Les natures fauves de l'Afrique sont mises en valeur par un ciel bleu clair.

b) Classez les adjectifs que vous avez soulignés en **a)** dans la deuxième colonne,
selon leur construction lexicale. Pour vous aider, utilisez un dictionnaire.

	ADJECTIF	NOM COMPLÉTÉ
	Exemple : hâlé	teint
Adjectif de couleur simple		
Adjectif de couleur composé		
Adjectif de couleur dérivé d'un nom		

c) Dans la dernière colonne, écrivez le nom que ces adjectifs complètent. Observez
l'accord des adjectifs selon le genre et le nombre du nom.

d) Quelle règle générale pouvez-vous formuler pour expliquer l'accord de chacun des types d'adjectif de couleur ? Donnez un exemple pour chacune des règles.

TYPE	RÈGLE	*EXEMPLE*
Adjectif de couleur simple		
Adjectif de couleur composé		
Adjectif de couleur dérivé d'un nom		

7. Dans les phrases suivantes, ajoutez des adjectifs de couleur selon le type demandé : adjectif de couleur simple (**CS**) ; adjectif de couleur composé (**CC**) ou adjectif de couleur dérivé d'un nom (**CN**). Attention aux accords !

a) De la colline _____ (**CS**), on peut voir les toits _____ (**CC**) des maisons du petit village.

b) As-tu vu mon cahier de notes _____ (**CS**) ? Je l'avais laissé sous l'un des coussins du divan _____ (**CN**).

c) L'accoutrement de Bastien fait toujours jaser : aujourd'hui, il porte des chaussettes _____ (**CS**) dans des souliers _____ (**CC**). Son pantalon _____ (**CS**) jure avec sa chemise _____ (**CN**) qui ne va pas du tout avec ses lunettes _____ (**CN**) et son écharpe _____ (**CC**).

d) La nuit _____ (**CC**) est éclairée par des centaines d'étoiles _____ (**CS**) et une lune _____ (**CN**).

{astuce}

Deux adjectifs de couleur réunis pour former un adjectif de couleur composé s'écrivent toujours avec un **trait d'union et sont invariables.**
Ex. : Des yeux **bleu-vert**.

Attention
Les adjectifs de couleur **pourpre, rose, écarlate, fauve, vermeil, violet, incarnat** et **mauve,** qui sont dérivés de noms, sont considérés comme des adjectifs de couleur simples et sont donc variables.
Ex. : Des robes **roses**.

LE GROUPE PRÉPOSITIONNEL

1. Dans les phrases suivantes, soulignez les GPrép et précisez le type de construction dont il s'agit (**prép. + GN** ; **prép. + GVinf** ; **prép. + GAdv** ; **prép. + GPrép**).

GPrép	CONSTRUCTION
Exemple : Nous sommes montés <u>dans la voiture</u>.	Prép. + GN
a) Nous avions hâte de partir de chez nous.	
b) Nous regardions le paysage défiler par la fenêtre.	
c) Nous sommes passés par là pour éviter les bouchons de circulation.	
d) À cause de multiples détours indiqués par des panneaux de construction, nous avons été obligés de revenir sur nos pas.	
e) Nous sommes arrivés en retard au point de rencontre.	
f) Cependant, nous avons pu rencontrer des gens venant de partout et partager avec eux de nombreuses idées.	
g) Nous rêvions de ce moment depuis très longtemps.	

{astuce}

Les mots *au, aux, du* et *des* sont les combinaisons d'une préposition (*à* ou *de*) et d'un déterminant (*le* ou *les*).

Nous avons assisté au spectacle.

(à le spectacle).

Nous discutons des films que nous avons vus.

(de les films)

Les groupes incluant ces combinaisons doivent être analysés comme des GPrép.

CHAPITRE 3

2. Dans les phrases ci-dessous, soulignez le GPrép, encerclez la préposition, indiquez si la préposition est simple (S) ou complexe (COMP) et précisez le rapport exprimé.

Exemple :

(Afin) de réussir son examen de biologie, Judith étudie deux heures tous les soirs
COMP/But

(depuis) une semaine.
S/Temps

1) Elle s'isole dans sa chambre à partir de 19 heures et en ressort vers 21 heures à condition de ne pas être dérangée.

2) Elle aime étudier sans musique, en silence, de manière à mieux se concentrer.

3) Durant cette période d'effort intellectuel, elle relit d'abord les notes vues lors des derniers cours.

4) Ensuite, à cause des difficultés qu'elle éprouve, elle refait tous les exercices au lieu de les réviser.

5) Ses amis trouvent qu'elle en fait beaucoup trop ; quant à ses parents, ils jugent qu'elle a développé une bonne attitude pour bien réussir.

3. Dans le tableau suivant, composez des phrases en y intégrant des GPrép introduits par des prépositions qui respectent les types et les rapports exprimés. Soulignez les GPrép. Pour vous aider à choisir une préposition consultez une grammaire.

TYPE DE PRÉP.	RAPPORT	PHRASE
COMP	But	**a)**
COMP	Opposition	**b)**
S	Temps	**c)**
COMP	Lieu	**d)**
S	Manière	**e)**

CHAPITRE 3

La juxtaposition et la coordination

1. Les énoncés suivants contiennent tous au moins deux phrases. Soulignez les verbes conjugués dans chacune des phrases et encerclez l'élément (signe de ponctuation ou coordonnant) qui joint ces phrases.

   a) Plusieurs considèrent la lecture comme un passe-temps ou la voient comme un moyen d'élargir leur vision du monde.

   b) Les romans historiques contiennent une foule d'informations, mais ils exercent peu d'attrait chez certaines personnes.

   c) Aujourd'hui, le temps consacré au travail est plus court : nous accordons plus de temps au loisir.

   d) Aujourd'hui, le temps consacré au travail est plus court, donc nous accordons plus de temps au loisir.

   e) Je le vis, je rougis, je pâlis à sa vue.

   - Les signes de ponctuation comme la virgule, le point-virgule et le deux-points servent à joindre des groupes de mots ou des phrases. C'est ce que l'on appelle la **juxtaposition**. Les **coordonnants** servent aussi à joindre des groupes de mots ou des phrases. Il s'agit alors de la coordination.

   - La **juxtaposition** et la **coordination** expriment un rapport de sens entre deux groupes de mots ou deux phrases : l'addition (*et, de plus, aussi, d'ailleurs,* etc.), le choix (*ou, ou bien, soit… soit,* etc.), la cause (*car, de ce fait, en effet,* etc.), la conséquence (*ainsi, alors, donc, par conséquent,* etc.), l'opposition (*mais, toutefois, cependant, par contre, néanmoins, en revanche,* etc.), la succession (*ensuite, enfin, et, puis,* etc.), l'explication (*c'est pourquoi, c'est-à-dire,* etc.), etc.

2. Unissez les deux phrases d'un même proverbe par un coordonnant ou un signe de ponctuation approprié. Écrivez dans les parenthèses le rapport de sens que le coordonnant ou le signe de ponctuation établit.

Exemple : Les bons conseils pénètrent jusqu'au cœur du sage	par contre (opposition)	ils ne font que traverser l'oreille des méchants.
a) Le bavardage est l'écume de l'eau	/ ( )	l'action est une goutte d'or.
b) Les proverbes ressemblent aux papillons	/ ( )	on en attrape quelques-uns et les autres s'envolent.

c) Une journée bien employée donne un bon sommeil	/ ( )	une vie bien employée procure une mort tranquille.
d) Je pleurais quand je vins au monde	/ ( )	chaque jour me montre pourquoi.
e) La vie ressemble à un conte	/ ( )	ce qui importe, ce n'est pas sa longueur, mais sa valeur.
f) Le temps révèle tout	/ ( )	c'est un bavard qui parle sans être interrogé.
g) Le riche songe à l'année qui vient	/ ( )	le pauvre pense au jour présent.

3. Composez des phrases coordonnées en utilisant les coordonnants proposés.

a) *Donc* : _____

_____

b) *C'est-à-dire* : _____

_____

c) *Néanmoins* : _____

_____

d) *Puis* : _____

_____

e) *Ainsi* : _____

_____

f) *Par conséquent* : _____

_____

g) *Ou* : _____

_____

h) *Car* : _____

_____

i) *C'est pourquoi* : _____

_____

{astuce}

En général, tous les **coordonnants,** sauf *et, ou, ni,* doivent être **précédés** d'une **virgule.**

Exemple : Je suis fatigué , **alors** je vais me coucher.
Je n'ai pas beaucoup d'énergie , **car** je manque de sommeil.
Je vais me coucher , **mais** je n'ai pas sommeil.

LES MARQUEURS DE RELATION

Parmi les marqueurs de relation, on distingue les **organisateurs textuels,** les **coordonnants** et les **subordonnants.**

- Les **organisateurs textuels** contribuent à mettre en évidence l'organisation du texte. Il marque une transition entre le contenu du texte et les nouveaux éléments d'information qui sont ajoutés. Ils sont habituellement placés au **début des phrases** et sont **suivis d'une virgule.**
  Exemple : **D'abord,** il faut savoir que les centrales au charbon polluent énormément. **En effet,** en une journée, elles émettent autant de gaz à effet de serre que toutes les voitures des États-Unis en une année.

- Les **coordonnants** sont des conjonctions ou des adverbes qui réunissent deux groupes de mots ou deux phrases en une seule.
  Exemple : Tous les jours, je mange une banane **et** je bois un jus d'orange.

  Et, ou, ni, mais, car, puis, c'est-à-dire, soit, alors, donc, ainsi sont des exemples de coordonnants.

- Les **subordonnants** sont des conjonctions ou des pronoms relatifs qui réunissent deux phrases en une seule. Ils fournissent parfois des indications sur le sens de la relation établie entre les éléments subordonnés.
  Exemple : Tous les jours, je mange une banane **parce que** j'aime ce fruit bon pour la santé.

  Quand, parce que, puisque, tandis que, afin que, de sorte que, où sont des exemples de subordonnants qui donnent un sens à la relation établie.

4. Dans le texte suivant, ajoutez les coordonnants et les organisateurs textuels appropriés parmi ceux de la colonne de droite.

D'abord, nous sommes partis de Montréal à 17 heures, _____ l'avion a atterri à Paris à 7 heures. Nous étions un peu déboussolés. _____, le vol a duré près de huit heures, _____ il fallait ajouter six heures de décalage horaire. _____, nous avons pris l'autobus qui nous a menés de l'aéroport jusqu'au métro, lequel nous a conduits jusqu'à Montmartre où se trouvait notre hôtel. _____, notre chambre n'était pas prête, ce qui nous a beaucoup déçus, _____ nous étions très fatigués. _____, nous avons laissé nos bagages à la réception _____ nous sommes allés découvrir les environs. Paris est une grosse ville, _____ que plusieurs personnes l'habitent, _____ sa superficie n'est pas si grande. _____, Paris est une ville que l'on découvre en marchant. _____, les rues _____ l'architecture des édifices représentent un véritable musée à ciel ouvert.

- ~~D'abord~~
- Toutefois
- mais
- et
- et
- car
- puis
- Alors
- et
- D'ailleurs
- c'est-à-dire
- De ce fait
- En effet
- Ensuite

CONJUGAISON :
LES VERBES EN *-IR, -OIR* ET *-RE*

1. Soulignez les terminaisons dans les verbes suivants.

Voir	Vendre	Croire	Craindre	Dire
Venir	Battre	Tenir	Valoir	Faire
Sortir	Vaincre	Devoir	Prendre	Rompre

Il y a deux modèles pour les verbes en *-ir* :

- le verbe *finir,* pour les verbes qui font *-issant* au participe présent ;
- le verbe *partir,* pour les verbes qui ne font pas *-issant* au participe présent.

Les verbes en *-oir* se conjuguent sur le modèle du verbe *voir.*

Les verbes en *-re* se conjuguent sur le modèle des verbes *boire, prendre* ou *craindre.*

---

2. Conjuguez les verbes suivants au présent de l'indicatif en vous servant des verbes modèles. Dans la dernière colonne, indiquez le verbe modèle utilisé.

VERBE	CONJUGAISON		VERBE MODÈLE
Exemple :			
	Je joins	Nous joignons	
Joindre	Tu joins	Vous joignez	craindre
	Il/Elle joint	Ils/Elles joignent	
	Je	Nous	
Bondir	Tu	Vous	
	Il/Elle	Ils/Elles	
	Je	Nous	
Plaire	Tu	Vous	
	Il/Elle	Ils/Elles	
	J'ap	Nous	
Apprendre	Tu ap	Vous	
	Il/Elle ap	Ils/Elles	

CHAPITRE 3

VERBE	CONJUGAISON		VERBE MODÈLE
Sentir	Je	Nous	
	Tu	Vous	
	Il/Elle	Ils/Elles	
Recevoir	Je	Nous	
	Tu	Vous	
	Il/Elle	Ils/Elles	

3. Conjuguez les verbes selon le temps et le mode demandés dans les phrases suivantes.

a) Le groupe de l'heure (*promouvoir,* **ind. présent**) _____ son dernier album.

b) Mon amie Zhi Ling (*bouillir,* **ind. présent**) _____ de rage devant tant d'injustice.

c) Après moult efforts, Sébastien (*atteindre,* **ind. passé simple**) _____ l'objectif qu'il s'était fixé.

d) Quand elle est nerveuse, Caroline (*mordre,* **ind. présent**) _____ le bout de son crayon.

e) Tu (*fondre,* **ind. passé simple**) _____ en larmes quand tu (*recevoir,* **ind. passé simple**) _____ le résultat de ton examen de mathématiques.

f) Il (*croire,* **ind. passé simple**) _____ que l'on riait de lui.

g) En quelques mois, Jordan, qui passait pour un élève immature, (*croître,* **ind. passé simple**) _____ en sagesse.

h) Les élèves (*pondre,* **ind. présent**) _____ un texte pour le journal.

i) Je (*mourir,* **ind. présent**) _____ d'impatience que les vacances arrivent.

j) Trop sûrs de leur succès, certains d'entre nous (*s'asseoir,* **ind. présent**) _____ sur leurs lauriers.

k) Nous (*lire,* **ind. passé simple**) _____ *Phèdre* de Racine.

l) Dans le cadre de cette activité parascolaire, tu (*aller,* **ind. présent**) _____ au cinéma.

m) Jean et moi (*mouvoir,* **ind. passé simple**) _____ tous les meubles.

L'ADVERBE ET
LE GROUPE DE L'ADVERBE

1. Composez une phrase avec chacun des mots de la première colonne.
Dans la dernière colonne, faites un crochet si le mot est un adverbe.

MOT	PHRASE	ADVERBE
Exemple : totalement	Je suis totalement d'accord.	✓
depuis		
déjà		
hier		
lendemain		
demain		
lentement		
ici		
bref		
brièvement		
entraînement		
bien		
ne… pas		
beaucoup		

{astuce}

L'adverbe est un mot **invariable,** qui se distingue de la conjonction et de la préposition.

■ L'adverbe s'emploie généralement **seul,** sans expansion.
Exemple : Il se dirigea **soudainement** vers la sortie.

■ L'adverbe peut s'employer avec un <u>autre adverbe</u>.
Exemple : Il se dirigea <u>plutôt</u> **rapidement** vers la sortie.

■ L'adverbe est le noyau du **GAdv** qui est un groupe **effaçable.**

L'adverbe exprime différentes valeurs sémantiques : **temps, lieu, affirmation, négation, doute, intensité, manière, quantité,** etc.

Pour éviter les embrouilles…

– <u>L'adverbe</u> est effaçable.
Ex. : Il court rapidement. ➡ Il court.

– La <u>préposition</u> est non effaçable.
Ex. : Je vais à Montréal. ➡ Ø Je vais Montréal.

– La <u>conjonction</u> ne fait partie d'aucun groupe syntaxique.
Ex. : Il aime la lecture <u>et</u> le chocolat.
(<u>et</u> est un coordonnant qui unit deux GN)

CHAPITRE 4

2. Dans les phrases suivantes, soulignez le GAdv. Indiquez ensuite la valeur qu'il exprime.

PHRASE	VALEUR EXPRIMÉE
a) Au théâtre, les rôles de femmes étaient jadis joués par des hommes.	
b) Certaines sociétés étaient extrêmement intolérantes.	
c) Les pièces de Shakespeare sont jouées partout dans le monde.	
d) À certaines époques, les acteurs n'étaient pas des gens respectés.	
e) Les choses ont tranquillement changé à travers les siècles.	
f) Certaines pièces étaient peut-être trop choquantes pour l'époque.	
g) Certains lieux pouvaient contenir environ 2000 personnes.	
h) Aujourd'hui, les dramaturges québécois produisent des œuvres tout à fait remarquables.	

> Certains adverbes sont des **organisateurs textuels.** Les organisateurs textuels commencent une phrase pour créer un lien avec l'idée de la phrase précédente.

3. Complétez le texte ci-dessous à l'aide des adverbes suivants.

Ailleurs – Plus tard – D'abord – Ainsi – Ensuite – Évidemment – Aussi

Petite histoire du théâtre

_____, le théâtre prend naissance au cœur des cérémonies religieuses consacrées aux dieux grecs. _____, des tragédies apparaissent, avec des auteurs comme Eschyle et Sophocle. _____, au Moyen Âge, des auteurs écrivent ce qu'on appelait à l'époque des mystères, soit des histoires inspirées de la Bible.

_____, on ne peut passer sous silence le théâtre élisabéthain, avec Shakespeare et ses grandes tragédies, qui suscitent chez les gens du temps autant l'admiration que la peur.

_____, des œuvres comme *Roméo et Juliette, Hamlet* et *Macbeth* passeront à l'histoire.

_____, en France surtout, d'importants auteurs de tragédies comme Corneille et Racine feront leur marque tout au long du 17e siècle. _____, la comédie française connaît une grande popularité grâce à Jean-Baptiste Poquelin, dit Molière.

LA FONCTION ATTRIBUT DU SUJET

1. Dans les phrases suivantes, soulignez le GV et indiquez sa construction
(V + GN, V + GPrép ou V + GAdj).

PHRASE	CONSTRUCTION
a) Les musiciens de cet orchestre semblent talentueux.	
b) La chorale interprète le *Requiem* de Mozart.	
c) Ma nièce pratique le violon.	
d) Les spectateurs ont été émus.	
e) L'artiste est rentré fatigué.	

- Certains verbes sont dits **attributifs.** Ils ne traduisent pas une action, mais plutôt un **état.**
- Les principaux verbes attributifs sont **être, paraître, sembler, devenir, demeurer, rester, avoir l'air,** etc.
- Ces verbes sont toujours suivis d'une expansion qui exerce la fonction **attribut du sujet.** Cette expansion peut être :
  – un **GAdj** : Le petit violoniste est **talentueux.**
  – un **GN** : Le petit violoniste deviendra **un grand instrumentiste.**
  – un **GPrép** : Il paraît **à l'aise** sur scène.
  – un **GAdv** : Les jeunes artistes talentueux sont **partout.**

2. Dans les phrases suivantes, encerclez les verbes attributifs. Donnez ensuite le nom du groupe qui exerce la fonction attribut du sujet (GAdj, GN, GPrép ou GAdv).

PHRASE	NOM DU GROUPE EXERÇANT LA FONCTION ATTRIBUT
a) Les musiciens sont demeurés imperturbables.	
b) La sonate en *ré* mineur est un morceau difficile à maîtriser.	
c) Les altistes de ce groupe possèdent des partitions rares.	
d) La maîtrise de l'instrument demande des heures de répétition.	
e) Le chef paraissait à l'aise.	
f) Avec le temps, certaines pièces deviennent des classiques.	
g) Les airs de Mozart demeureront des chefs-d'œuvre.	

CHAPITRE 4

> Certains verbes transitifs ou intransitifs sont **occasionnellement attributifs.**
>
> *Exemple :* Les spectateurs **sortent** ravis de ce concert.
>
> Le verbe **sortir** employé ainsi appelle un attribut du sujet (ravis) qui s'accorde avec le **GS** *les spectateurs.*
>
> Pour vérifier si l'on est en présence d'un attribut du sujet, on applique les manipulations syntaxiques suivantes :
>
> ■ L'attribut du sujet est **non effaçable** et **non déplaçable.**
>
> *Exemple :* Louis Armstrong était **un grand trompettiste.**
>
> Le GN **un grand trompettiste** ne peut être ni effacé ni déplacé.
>
> ■ L'attribut du sujet peut être remplacé par **l', le** ou **en**… **un.**
>
> *Exemple :* Louis Armstrong **l'**était. / Louis Armstrong **en** était **un.**
>
> Le **GAdj** attribut du sujet reçoit le genre et le nombre du <u>noyau du groupe</u> qui exerce la fonction sujet.
>
> *Exemple :* La fanfare de l'école paraît **majestueuse** sur la scène.

3. Dans le texte suivant, soulignez les groupes qui exercent la fonction attribut du sujet. Reliez par une flèche le noyau du GS au noyau du groupe attribut du sujet. Faites les accords nécessaires.

> ### Les enfants musiciens
>
> Les enfants qui sont musicien____ développent, paraît-il, les deux hémisphères
>
> de leur cerveau, le gauche et le droit, de façon égale. Ils deviendraient, selon
>
> une étude, plus performant____ à l'école que les autres enfants. Ils se montrent
>
> plus coopératif____ dans les travaux d'équipe. Cependant, quoiqu'ils soient plus
>
> éveillé____, ils restent très sensible____ aux changements de leur entourage.
>
> Ils demeurent toutefois confiant____ la plupart du temps et responsable____.
>
> Les enfants musiciens paraissent plus mature____ et construisent leur pensée
>
> de façon plus complexe.

CHAPITRE 4

PARTICULARITÉS ORTHOGRAPHIQUES DE CERTAINS VERBES AU FUTUR SIMPLE ET AU CONDITIONNEL PRÉSENT

Dans les phrases suivantes,

a) conjuguez les verbes selon le temps et le mode demandés (au besoin, consultez un ouvrage de conjugaison) ;

b) encerclez les lettres communes à tous les verbes qui ont été conjugués dans ces phrases.

1) Noé (*envoyer,* **ind. futur simple**) _____ sa lettre de recommandation dès qu'il t'aura vu en audition.

2) S'ils décidaient de jouer cette sonate maintenant, Yasmine et Louis (*courir,* **ind. cond. présent**) _____ de grands risques.

3) Nous (*mourir,* **ind. cond. présent**) _____ de honte s'il fallait que l'un de nous chante faux.

4) Christophe a dit : « Je (*conquérir,* **ind. futur simple**) _____ son cœur coûte que coûte grâce à ma nouvelle chanson. »

5) Dans un instant, vous (*voir,* **ind. futur simple**) _____ apparaître une chose complètement inusitée.

6) À force de répéter, tu (*acquérir,* **ind. futur simple**) _____ toute la dextérité nécessaire pour être un grand pianiste.

c) Complétez la phrase suivante.

À l'indicatif _____ et à l'indicatif _____, ces verbes prennent toujours _____.

d) Tous ces verbes se terminent en -ir à l'infinitif, sauf un. Lequel ? _____

e) Quelle est sa terminaison ? _____

à retenir

Au futur simple et au conditionnel présent

- *envoyer* n'a pas la même terminaison que *nettoyer* ➡ J'en**verrai(s)** / Je nettoi**erai(s)** ; *envoyer* se conjugue comme le verbe *voir* ;
- le double *r* permet de distinguer l'imparfait (je mou**rais**, je cou**rais**) du conditionnel (je mou**rrais,** je cou**rrais**) ;
- les verbes *acquérir* et *conquérir* perdent l'accent aigu sur le *e*.

CHAPITRE 4

LES VERBES COMME *VAINCRE* ET *ROMPRE*

1. a) Quelle est la terminaison des verbes **vaincre** et **convaincre** à l'infinitif ? _____

b) Conjuguez les verbes vaincre et convaincre à l'indicatif présent.

Verbe :		Verbe :	
Je		Je	
Tu		Tu	
Il / Elle		Il / Elle	
Nous		Nous	
Vous		Vous	
Ils / Elles		Ils / Elles	

c) Vérifiez vos réponses à l'aide d'un ouvrage de conjuguaison et complétez la phrase suivante.

Ces verbes s'écrivent avec un *c* à la troisième personne du _____,

à l'indicatif présent. Le *c* se transforme en _____ devant

les _____.

2. À l'aide d'un ouvrage de conjugaison, déterminez si les affirmations suivantes sont vraies ou fausses.

	Vrai	Faux
a) Les verbes comme *rompre* se conjuguent sur le modèle du verbe *aimer.*	○	○
b) Il existe plus de trois verbes en *-ompre* qui se conjuguent comme *rompre* à la troisième personne du singulier de l'indicatif présent.	○	○
c) Le verbe *rompre* se conjugue sur le modèle du verbe **rendre,** sauf à la 3e personne du singulier de l'indicatif présent.	○	○
d) Peu importe le temps et le mode auxquels il est conjugué, le verbe *rompre* conserve toujours le *p.*	○	○
e) Le verbe *rompre* se termine par *p* à la 3e personne du singulier de l'indicatif présent.	○	○

3. Dans les phrases suivantes, conjuguez les verbes selon le temps et le mode demandés. Au besoin, consultez un ouvrage de conjugaison.

    a) Les juges (*interrompre*, **ind. passé composé**) _____ ma scène

    au moment où l'intensité dramatique atteignait son paroxysme.

    b) Il n'est pas rare d'entendre dans les médias que la musique, parfois,

    (*corrompre*, **ind. présent**) _____ certains jeunes.

    c) Le chant de la soliste (*rompre*, **ind. imparfait**) _____ tout le charme

    de la musique.

4. **a)** Conjuguez les verbes du texte suivant à l'indicatif présent. Vous pouvez utiliser un ouvrage de conjugaison.

> Pendant cette mission, nous (acquérir) _____ beaucoup d'expérience,
>
> même si nous (courir) _____ de grands risques. Ici, des gens
>
> (mourir) _____. Personne ne (voir) _____ le danger venir.
>
> Quand il (survenir) _____ près de nous, nous (envoyer)
>
> _____ des signaux de paix pour faire comprendre nos intentions.
>
> Nous nous (demander) _____ alors ce que nous (cherchons)
>
> _____. À vrai dire nous ne (chercher) _____ pas ; nous
>
> (donner) _____.
>
> À l'instar d'autres pays qui (être) _____ présents ici, nous ne
>
> (conquérir) _____ pas ; nous (aider) _____.

    b) Récrivez le texte à l'indicatif imparfait.

> Pendant cette mission, nous _____ beaucoup d'expérience, même
>
> si nous _____ de grands risques. Ici, des gens _____.
>
> Personne ne _____ le danger venir. Quand il _____
>
> près de nous, nous _____ des signaux de paix pour faire comprendre
>
> nos intentions. Nous nous _____ alors ce que nous _____.
>
> À vrai dire nous ne _____ pas ; nous _____. À l'instar
>
> d'autres pays qui _____ présents ici, nous ne _____ pas ;
>
> nous _____.

CHAPITRE 4

5. a) Conjuguez les verbes du texte suivant à l'indicatif présent. Vous pouvez utiliser un ouvrage de conjugaison.

Jonalyn (convaincre) _____ Anita qu'Émilie, sa meilleure amie en temps normal, (parler) _____ en mal d'elle à Louis pour lui enlever toutes les chances de sortir avec lui. Anita, fâchée d'une telle trahison, (rejoindre) _____ Émilie qui (discuter) _____ justement avec Louis. Elle (interrompre) _____ brusquement la conversation pour demander des explications. Louis (sembler) _____ mal à l'aise. Émilie (dire) _____ à Anita qu'il (être) _____ trop tard de toute façon et (embrasser) _____ Louis devant elle. Anita (fulminer) _____, mais elle (vaincre) _____ rapidement ses émotions et (rompre) _____ sur-le-champ l'amitié qu'Émilie et elle (entretenir) _____ depuis la maternelle. Émilie ne (broncher) _____ pas et (partir) _____ avec Louis en lui tenant la main. Anita (retourner) _____ près de Jonalyn pour médire contre son ancienne meilleure amie.

b) Récrivez le texte en respectant le temps et le mode attribués à chacun des verbes.

INDICATIF IMPARFAIT		INDICATIF PASSÉ SIMPLE	
■ Parler	■ Être	■ Convaincre	■ Vaincre
■ Discuter	■ Fulminer	■ Rejoindre	■ Rompre
■ Sembler	■ Entretenir	■ Interrompre	■ Broncher
		■ Dire	■ Partir
		■ Embrasser	■ Retourner

Jonalyn _____ Anita qu'Émilie, sa meilleure amie en temps normal, _____ en mal d'elle à Louis pour lui enlever toutes les chances de sortir avec lui. Anita, fâchée d'une telle trahison, _____ Émilie qui _____ justement avec Louis. Elle _____ brusquement la conversation pour demander des explications. Louis _____ mal à l'aise. Émilie _____ à Anita qu'il _____ trop tard de toute façon et _____ Louis devant elle. Anita _____, mais elle _____ rapidement ses émotions et _____ sur-le-champ l'amitié qu'Émilie et elle _____ depuis la maternelle. Émilie ne _____ pas et _____ avec Louis en lui tenant la main. Anita _____ près de Jonalyn pour médire contre son ancienne meilleure amie.

LA SUBORDONNÉE RELATIVE

1. Répondez aux questions en cochant la case appropriée à l'aide
de vos connaissances et des phrases ci-dessous.

Phrase 1 Le spectacle m'a renversé.	**Phrase 2** Le spectacle que j'ai vu m'a renversé.
	Phrase 1 **Phrase 2**

a) Quelle phrase respecte le modèle de la phrase
de base (GS + GV) ?   ☐   ☐

b) Quelle phrase est simple ?   ☐   ☐

c) Quelle phrase est complexe ?   ☐   ☐

d) Quelle phrase contient un complément du nom ?   ☐   ☐

e) Quelle phrase contient un seul verbe conjugué ?   ☐   ☐

f) Quelle phrase contient une subordonnée ?   ☐   ☐

Une phrase complexe contient autant de phrases que de **verbes conjugués.**
Ainsi, dans la phrase suivante :

> Tu **as dévoré** ce livre auquel Carolanne n'**a pu** elle-même résister.

on peut distinguer la **phrase 1** (**P₁**) : Tu **as dévoré** ce livre ;

et la **phrase 2** (**P₂**) : Carolanne n'**a pu** elle-même résister à ce livre.

On appelle subordonnée relative une phrase qui :

- commence par un **pronom relatif** (**qui, que, quoi, dont, où, lequel, duquel**, etc.) ;
- est placée après un nom ou un pronom qu'elle complète. Sa fonction
est donc complément du nom ou du pronom ;
- est généralement effaçable, sauf quand elle complète un pronom.

Exemple : Tu as dévoré ce livre │**auquel**│ Carolanne n'a pu elle-même résister.

          Tu as dévoré ce livre. (effaçable)

---

2. Dans les phrases suivantes, soulignez la subordonnée relative, encadrez le pronom
relatif et encerclez le nom ou le pronom qui est complété par la subordonnée.

a) Le théâtre où je vais ce soir est reconnu pour sa programmation toute québécoise.

b) Celui dont je t'ai parlé présente plutôt des œuvres classiques.

c) Le picolo, qui produit des notes aigües, donne l'effet d'un rire clair.

d) L'espace dans lequel se trouvent les spectateurs a les allures d'une classe d'école.

CHAPITRE 4

83

Une subordonnée est introduite par un **subordonnant.** Lorsqu'il s'agit d'une subordonnée **relative**, ce subordonnant est un **pronom relatif** (**qui, que, quoi, dont, où, lequel, laquelle, lesquels, lesquelles**) qui peut parfois être précédé d'une **préposition** (<u>de</u> laquelle, <u>contre</u> lequel, <u>dans</u> lequel, etc.)

Le pronom relatif reprend **un groupe de mots** qui le précède et que l'on appelle **antécédent.** Le pronom relatif a le même genre, le même nombre et la même personne que son antécédent.

3. Dans le tableau, dressez la liste des subordonnants inclus dans les subordonnées que vous avez soulignées dans le numéro **2** et soulignez le pronom relatif. Indiquez son antécédent, son genre et son nombre.

	SUBORDONNANT	ANTÉCÉDENT	GENRE ET NOMBRE
a)			
b)			
c)			
d)			
e)			

La subordonnée relative sert à éviter les répétitions.

(**P₁**) J'ai *vu un film.* (**P₂**) *Le film était intéressant.* La jonction de la **P₁** et de la **P₂** par subordination donne : *J'ai vu un film* **qui** *était intéressant.*

Dans une phrase complexe contenant une subordonnée relative, il est possible de retrouver la **P₁** et la **P₂** d'origine.

Exemple : L'acteur **auquel** <u>le réalisateur avait pensé</u> n'a pu accepter ce rôle.

P₁ : **L'acteur** n'a pu accepter ce rôle.

P₂ : Le réalisateur avait pensé à **l'acteur.**

Dans cet exemple, le pronom relatif *auquel* remplace le GPrép *à l'acteur.*

La **P₁** est la plus facile à identifier. Quant à la **P₂**, il suffit de remplacer le **subordonnant** par son antécédant et le déplacer à l'endroit approprié dans la phrase.

Ce groupe de mots se retrouve nécessairement dans la **P₁**, puisqu'il y a toujours un **terme commun** aux deux phrases.

4. Pour chacune des phrases suivantes :

a) soulignez les subordonnées ;

b) récrivez la P₁ et la P₂ (et la P₃ s'il y a lieu) ;

c) encerclez le terme qui leur est commun ;

d) déterminez la fonction des P indiquées.

Exemple : Molière fit ses études au collège de Clermont <u>où les jésuites assuraient l'instruction des fils de la noblesse.</u>

- ▪ P₁ : <u>Molière fit ses études au (collège de Clermont).</u>
- ▪ P₂ : <u>Les jésuites assuraient l'instruction des fils de la noblesse au (collège de Clermont).</u>
- ➡ Fonction de la sub. : <u>complément du nom *collège de Clermont*</u>

1) Le jeune homme se détourna de la carrière qui lui était préparée.
   - ▪ P₁ : _____
   - ▪ P₂ : _____
   - ➡ Fonction de la sub. : _____

2) Molière s'entoura de quelques amis avec lesquels il forma une troupe de comédiens qui se constitua par un acte notarié le 13 juin 1643.
   - ▪ P₁ : _____
   - ▪ P₂ : _____
   - ▪ P₃ : _____
   - ➡ Fonction de la sub. 1 : _____
   - ➡ Fonction de la sub. 2 : _____

3) Le nom qu'il donna à la troupe fut l'Illustre-Théâtre.
   - ▪ P₁ : _____
   - ▪ P₂ : _____
   - ➡ Fonction de la sub. : _____

4) Molière avait dans l'esprit le rôle qu'il tiendrait dans ses comédies.
   - ▪ P₁ : _____
   - ▪ P₂ : _____
   - ➡ Fonction de la sub. : _____

5) Molière glissait dans ses pièces le petit personnage qui rappelle l'homme à sa vérité d'homme.
   - ▪ P₁ : _____
   - ▪ P₂ : _____
   - ➡ Fonction de la sub. : _____

CHAPITRE 4

> Pour enchâsser une subordonnée relative (**P₂**) dans le GN d'une **P₁**, il faut utiliser le **bon subordonnant**.
>
> *Exemple :* P₁ : Ce **livre** est excellent.
>   P₂ : Tu m'as parlé <u>de ce</u> **livre.**
>
> Le choix du pronom se fait toujours selon la **fonction syntaxique** du <u>groupe</u> (**GN** ou **GPrép**) dans lequel se trouve le **terme commun** de la P₂.
>
> *De ce livre* est un GPrép complément indirect du verbe *as parlé*. Le pronom relatif approprié dans ce cas est dont.
>
> *Exemple :* Ce livre **dont** tu m'as parlé est excellent.

5. Nommez les groupes syntaxiques soulignés dans les phrases du tableau et déterminez leur fonction. Pour vous aider, effectuez les manipulations syntaxiques vues dans le chapitre 1.

PHRASE	GROUPE SYNTAXIQUE	FONCTION SYNTAXIQUE
a) <u>Le metteur en scène</u> concrétise la pensée de l'auteur.		
b) Le metteur en scène concrétise <u>la pensée de l'auteur.</u>		
c) <u>Dans un théâtre</u>, l'ambiance est parfois solennelle.		
d) L'auteur <u>de cette pièce</u> était présent à la première.		
e) Le metteur en scène fait des recommandations <u>aux comédiens.</u>		
f) Cet acteur connu joue <u>dans cette pièce de Marivaux.</u>		
g) Le metteur en scène fait <u>des recommandations</u> aux comédiens.		
h) <u>Les spectateurs</u> ont beaucoup apprécié l'univers du nouveau dramaturge.		

6. Pour chacune des phrases du tableau :

a) soulignez la subordonnée relative et encadrez le subordonnant ;

b) trouvez la P_2 à l'origine de cette subordonnée et encadrez le groupe que le subordonnant remplace ;

c) déterminez le nom et la fonction de ce groupe.

PHRASE MATRICE	P₂	NOM	FONCTION
Exemple : Cet acteur, que j'ai vu au restaurant, n'a pas l'air sympathique.	J'ai vu cet acteur au restaurant.	GN	CD du verbe *ai vu*
1) Nous aurions aimé connaître Molière, lequel était tout un personnage.			
2) Le personnage contre lequel Cyrano de Bergerac se bat n'a pas son panache.			
3) Les suggestions de lecture qu' on lui a faites alimentent sa curiosité.			
4) Le jeune auteur dont j'ai lu le roman est très prometteur.			
5) Molière, qui jouait *Le malade imaginaire*, est mort sur scène.			

7. À l'aide des réponses du numéro précédent, associez les subordonnants aux fonctions syntaxiques.

Complément direct _____

Complément indirect _____

Sujet de la phrase _____

Complément du nom _____

CHAPITRE 4

à retenir

PRONOM RELATIF	FONCTION SYNTAXIQUE
Que, lequel, laquelle, lesquels, lesquelles	Complément direct
Dont, duquel, où, auquel et tous les pronoms précédés d'une préposition (**contre qui, dans lequel,** etc.)	– Complément indirect – Complément du nom ou du pronom
Qui, lequel, laquelle, lesquels, lesquelles	Sujet
Où, auquel et tous les pronoms précédés d'une préposition (**pendant lequel, pour qui,** etc.)	Complément de phrase

8. Insérez chaque P₂ dans un GN de la P₁ en utilisant un pronom relatif approprié. Pour vous aider, trouvez la fonction syntaxique du groupe souligné dans la P₂.

a) P₁ : Les pièces de Feydeau sont encore jouées de nos jours.

P₂ : <u>Les pièces de Feydeau</u> dépeignent les travers humains.

_____

_____

b) P₁ : Les placards et autres garde-robes sont des lieux importants pour l'intrigue de ses pièces.

P₂ : <u>Dans les placards et autres garde-robes</u> se cachent les personnages indésirables.

_____

_____

c) P₁ : Les répliques sont entrecoupées de nombreuses didascalies.

P₂ : Certaines <u>des didascalies</u> sont très précises.

_____

_____

d) P₁ : Les vaudevilles regorgent de quiproquos.

P₂ : Aucun autre genre dramatique ne sait si bien exploiter <u>les quiproquos</u>.

_____

_____

e) P₁ : Les situations burlesques dépassent souvent l'entendement.

P₂ : Certains personnages se retrouvent parfois <u>dans des situations burlesques</u>.

_____

_____

f) P₁ : Feydeau est mort en 1921.

P₂ : La carrière <u>de Feydeau</u> dans le monde du théâtre a commencé très tôt.

_____

_____

LA SUBORDONNÉE COMPLÉTIVE

1. Complétez les phrases suivantes à l'aide des éléments de la colonne de droite.

DÉBUT DE LA PHRASE	ÉLÉMENT COMPLÉMENTAIRE
a) Les nutritionnistes sont conscients _____	– le manque d'exercice comme nocif pour la santé.
b) Les nutritionnistes sont conscients _____	– de l'importance d'une alimentation équilibrée.
c) Les spécialistes de l'éducation physique considèrent _____	– que le manque d'exercice est nocif pour la santé.
d) Les spécialistes de l'éducation physique considèrent _____	– qu'une alimentation équilibrée est importante.

La subordonnée **complétive** est une phrase insérée dans une autre à l'aide de la conjonction *que* ou de ses variantes (à ce que, de ce que, etc.).

Exemple : Les gens savent *que* **la cigarette est un danger sérieux pour la santé.**

2. Dans les phrases suivantes, soulignez les subordonnées complétives.

a) *Le Guide alimentaire canadien* nous apprend qu'il existe quatre groupes d'aliments.

b) Les chercheurs sont convaincus que la pratique régulière d'une activité physique contribue au bon fonctionnement de nos organes.

c) Les médecins recommandent qu'un sport soit pratiqué au moins trois fois par semaine.

d) Admettre qu'il est nécessaire de modifier ses habitudes de vie, c'est un pas dans la bonne direction.

e) Les personnes sportives se disent heureuses que leur santé soit excellente.

CHAPITRE 5

Il faut distinguer la subordonnée complétive de la subordonnée relative.

■ La **subordonnée relative** exerce la fonction de **complément du nom** ou **du pronom**. Elle est placée après celui-ci et est généralement effaçable.

Exemple : Les muscles <u>que l'on sollicite souvent</u> deviennent plus forts.
Effacement de la sub. rel. : Les muscles deviennent plus forts.

■ La **subordonnée complétive, non effaçable,** peut exercer les fonctions de :

– **complément direct du verbe** (pronominalisable par *le, l'* ou *cela*)

Exemple : Je sais <u>que c'est vrai</u>. ➡ Je <u>le</u> sais. / Je sais <u>cela</u>.

– **complément indirect du verbe** (pronominalisable par *en, y* ou une préposition + *cela*)

Exemple : Je m'étonne <u>que certains contestent ce fait</u>. ➡ Je m'<u>en</u> étonne. / Je m'étonne <u>de cela</u>.

– **complément de l'adjectif** (remplacement par *de cela*)

Exemple : Je suis certain <u>que c'est vrai</u>. ➡ Je suis certain <u>de cela</u>.

3. Soulignez la subordonnée dans les phrases de la première colonne du tableau. Effectuez ensuite la manipulation syntaxique indiquée. Déterminez le type de subordonnée (relative ou complétive) et précisez sa fonction.

PHRASE	MANIPULATION	TYPE DE SUBORDONNÉE	FONCTION
Exemple : On sait <u>que les aliments trop gras doivent être consommés avec modération.</u>	**Remplacement par *cela*** On sait cela.	Complétive	Complément direct du verbe *sait*
a) Les végétariens, que l'on trouve parfois étranges, sont de plus en plus nombreux.	**Effacement de la sub.**		
b) Plusieurs spécialistes s'attendent à ce que le taux d'obésité augmente de plus en plus.	**Remplacement par prép. + *cela***		
c) Les consommateurs ont appris que certaines compagnies produisent des aliments à risque pour la santé.	**Remplacement par *cela***		

PHRASE	MANIPULATION	TYPE DE SUBORDONNÉE	FONCTION
d) Chacun doit veiller à ce que ses besoins alimentaires soient convenablement comblés.	**Remplacement par prép.** **+ *cela***		
e) Selon certains, les aliments que nous consommons reflètent notre personnalité.	**Effacement de la sub.**		
f) Les végétariens sont conscients qu'ils doivent être informés sur l'alimentation.	**Remplacement par *de cela***		
g) Les végétariens croient que la consommation de viande est une erreur.	**Remplacement par *le***		
h) On peut constater que les gens sont surtout préoccupés par leur apparence.	**Remplacement par *cela***		
i) Il faut être contents que tant d'aliments variés s'offrent à nous.	**Remplacement par *de cela***		

4. Dans les phrases suivantes, remplacez le GN ou le GPrép souligné par une subordonnée complétive ayant un sens équivalent. Indiquez ensuite la fonction de la subordonnée.

a) Soyez certains de l'apport en protéines de votre alimentation.

_____

Fonction : _____

b) J'admets mon manque d'intérêt pour les sports d'équipe.

_____

Fonction : _____

c) Je doute de la qualité de ce produit.

_____

Fonction : _____

CHAPITRE 5

L'ACCORD DES PARTICIPES PASSÉS

1. Observez les deux phrases et répondez aux questions.

Phrase 1 : La dame mystérieuse est sortie de sa maison qui brûlait.

Phrase 2 : La dame mystérieuse, je l'ai sortie de sa maison qui brûlait.

	Phrase 1	Phrase 2
a) Dans quelle(s) phrase(s) le verbe *sortir* est-il employé avec un auxiliaire ?	○	○
b) Dans quelle(s) phrase(s) le participe passé du verbe *sortir* reçoit-il l'accord du noyau du GN exerçant la fonction sujet (GS) ?	○	○
c) Dans quelle(s) phrase(s) le participe passé reçoit-il l'accord d'un pronom personnel exerçant la fonction de complément direct (CD) ?	○	○
d) Dans quelle(s) phrase(s) le donneur d'accord du participe passé est-il placé devant le verbe ?	○	○
e) Dans quelle(s) phrase(s) l'accord du participe passé est-il possible seulement quand le CD est placé devant le verbe ?	○	○

2. À l'aide des exemples fournis dans le tableau, complétez la règle pour chacun des systèmes de l'accord du participe passé.

PARTICIPE PASSÉ	EXEMPLE	RÈGLE À RETENIR
employé avec ÊTRE	**a)** Les **pompiers** SONT arriv**és** en deux temps trois mouvements. **b)** La **dame** mystérieuse EST demeur**ée** impassible devant la tragédie.	Les participes passés employés avec _____ reçoivent le genre et le nombre du _____ du GN exerçant la fonction _____.
employé avec AVOIR	**a)** L'incendie **que** les hommes ONT combat**tu** toute la nuit a ravagé la maison. **b)** Malgré tous leurs efforts, les pompiers ne **l'**ONT pas sauv**ée** du désastre.	Les participes passés employés avec _____ reçoivent le genre et le nombre du pronom exerçant la fonction de complément _____ quand celui-ci est placé _____ le verbe.

rappel

Le complément direct (CD) placé devant le verbe est toujours représenté par un **pronom** :

- le pronom relatif **que** (Les livres **que** j'ai lus ont alimenté mon sujet de recherche.) ;
- les pronoms personnels **l', le, la, les, nous, vous, me, te, se** (Je **les** ai lus.).

Un groupe de mots qui exerce la fonction de CD se remplace par **quelque chose** ou **quelqu'un.**

- J'ai lu un livre. ➡ J'ai lu *quelque chose.*

Un groupe de mots qui exerce la fonction de CI se remplace par une PRÉPOSITION + **quelque chose** ou **quelqu'un,** ou par **quelque part.**

- J'ai parlé du spectacle. ➡ J'ai parlé *de quelque chose.*

Placé après le verbe, le CD ne donne pas son accord (J'ai lu CES LIVRES).

à retenir

Pour déterminer le genre et le nombre du pronom relatif **que** exerçant la fonction de CD, il faut trouver son antécédent, c'est-à-dire l'élément qu'il reprend.

Exemple : Les spectacles **que** ce chanteur a don**nés** ont été vertement critiqués.

Le genre et le nombre de **que** est masculin pluriel, car **spectacles** est son antécédent.

3. Dans les phrases de la première colonne du tableau, soulignez les participes passés et encadrez les auxiliaires. Écrivez les donneurs d'accord dans la deuxième colonne. Indiquez le genre (**M** ou **F**) et le nombre (**S** ou **P**) des donneurs et accordez les participes passés s'il y a lieu.

PHRASE	DONNEUR	GENRE	NOMBRE	ACCORD
Exemple : Nous étions parti depuis plusieurs heures quand vous nous avez téléphoné.	Nous (noyau du GS)	M	P	partis
	Aucun (*nous* est CI)	Ø	Ø	Ne s'accorde pas
a) Nous sommes allé à Montréal.				
b) Nous avions acheté des billets pour le nouveau spectacle du Cirque du Soleil.				
c) Les numéros que nous avons vu étaient grandioses.				

PHRASE	DONNEUR	GENRE	NOMBRE	ACCORD
d) Les clowns nous ont beaucoup amusé.	clowns	mas	plur	✓
e) Nous sommes devenu blêmes lorsque l'une des trapézistes est tombé.	trapézistes	fém	plur	✓
				✗
f) Heureusement, un filet l'a retenu.	filet	mas	sin	✗
g) Des acrobates ont fait la démonstration de leur force et de leur souplesse.	acrobates	mas	plur	✓
h) Elles leur ont permis de créer des mouvements hors du commun.	elles leur	fém	plur	✓
i) Le numéro des funambules nous a beaucoup impressionné.	numéro	mas	sin	✗
j) Nous les avons regardé attentivement.	avons	fém	plur	✓
k) Ils n'ont eu aucune difficulté à traverser la scène sur leur fil.	ils ont	mas	plur	✓
l) Les pirouettes et les sauts que certains ont fait semblaient tout naturels.	pirouettes sauts	fém	plur	✓
m) Nous avons chaleureusement applaudi le spectacle que nous avons recommandé à plusieurs de nos amis.	spectacle	mas	sin	✗
	amis	mas	sin	✗
n) Comme il restait de bons billets avant la tournée du spectacle, nous sommes retourné le voir.	spectacle m.s	mas	sin	✗

4. Récrivez les courts textes ci-dessous en mettant les verbes au passé composé et en faisant les accords appropriés. Pour ce faire, encadrez le noyau du GS ou le CD placé devant le verbe et reliez-le par une flèche au participe passé auquel il donne son accord.

Texte 1

L'animatrice accueille plusieurs vedettes qui viennent de loin. Elle les invite à s'asseoir et les interroge tour à tour. Elle leur pose beaucoup de questions, et les réponses qu'elle obtient d'elles plaisent aux spectateurs et les remplissent de joie.

L'animatrice a accueilli plusieurs vedettes qui sont venues de loin. Elle (les) a invitées à s'asseoir et les a interrogées tour à tour. Elle leur a posées beaucoup de questions et les réponses qu'elle a obtenues d'elles a plu qui ont remplies de joie

Texte 2

Je termine cette course aussi mal que je la commence. Au départ, la roue arrière de ma bicyclette part de son côté. À la fin, mes lunettes m'abandonnent pendant l'épreuve de natation : je ne les remplace pas. Malgré tout, je suis bien contente d'arriver la cinquième.

J'ai terminé cette course aussi mal que je l'ai commencé. Au départ, la roue arrière de ma bicyclette est partie de son côté. À la fin, mes lunettes m'ont abandonné pendant l'épreuve de natation : je les ai pas remplacées. Malgré tout je suis bien contente d'arriver la cinquième.

L'ACCORD PARTICULIER DE CERTAINS PARTICIPES PASSÉS

1. Selon vous, dans quelle phrase chacun des participes passés est-il accordé correctement ? Cochez la bonne réponse.

Phrase 1	En souvenir du bon vieux temps, des chansons, ils en ont **chanté** toute la soirée.	
	En souvenir du bon vieux temps, des chansons, ils en ont **chantées** toute la soirée.	

Phrase 2	La musique que j'ai **entendu** jouer m'a beaucoup ému.	
	Les musiciens que j'ai **entendus** jouer m'ont beaucoup ému.	

Phrase 3	La température qu'il a **faite** hier ne se compare pas à celle d'aujourd'hui.	
	La température qu'il a **fait** hier ne se compare pas à celle d'aujourd'hui.	

à retenir

1. Lorsque le pronom **EN** est CD, le participe passé employé avec *avoir* est généralement invariable.

> Des fruits et des légumes, j'**EN** ai achet**é(s)** hier.

2. Lorsque le participe passé employé avec l'auxiliaire *avoir* est suivi d'un verbe à l'**infinitif**, le participe passé :

■ s'accorde lorsque le CD est placé devant le verbe et qu'il fait l'action du verbe à l'infinitif.

> *Exemple :* Les bateaux que j'ai vu<u>s</u> **passer** remontent le fleuve.
>
> CD devant le verbe ; antécédent de que (*les bateaux*) fait l'action de passer.

■ ne s'accorde pas lorsque le CD placé avant le verbe ne fait pas l'action du verbe à l'infinitif.

> *Exemple :* Demain, je lui offrirai la bague que j'avais promis de lui **acheter**.
>
> CD devant le verbe ; antécédent de que (*la bague*) ne fait pas l'action d'acheter.

3. Lorsque le participe passé est celui d'un verbe **impersonnel**, c'est-à-dire dont le GS est le pronom *il* qui ne désigne rien, le participe passé est **invariable.**

> *Exemple :* Je ne risque pas de retrouver aussi vite toute l'énergie qu'*il* a **fallu** pour réaliser cette mission.

2. Justifiez l'accord des participes passés dans les phrases en vous fondant sur les règles présentées dans le tableau précédent.

a) Les calomnies qu'il a <u>entendu</u> dire à son sujet étaient injustes.

_____

b) L'entraîneur les a <u>menés</u> pratiquer au champ.

_____

c) Les intempéries qu'il a <u>fait</u> ont transformé les routes en patinoires.

_____

d) Tous ces souvenirs, il en a <u>oublié</u> depuis le temps !

_____

e) Des travaux, on lui en a <u>donné</u> beaucoup à faire pendant ses vacances.

_____

f) Tous les projets que j'ai <u>pu</u> accomplir au cours de ma vie ont inspiré la jeunesse.

_____

g) Ils les ont <u>regardés</u> partir avec beaucoup de tristesse.

_____

h) Des voyages, il en <u>fait</u> plusieurs.

_____

i) Les articles qu'il a <u>fait</u> paraître dans le journal révèlent une vérité que certains auraient <u>préféré</u> taire.

_____

_____

j) La pluie qu'il y a <u>eu</u> cet hiver a sapé le moral des skieurs.

_____

3. Vrai ou faux ? Cochez la bonne réponse.

	VRAI	FAUX
a) Le participe passé employé avec *avoir* reste invariable quand il n'y a aucun CD.	◯	◯
b) Le participe passé de *faire* suivi d'un infinitif est toujours invariable.	◯	◯
c) Les pronoms *lui* et *leur* sont exclusivement des CI.	◯	◯
d) Le noyau du GS donne son genre et son nombre au participe passé employé avec *avoir*.	◯	◯
e) Un pronom personnel placé devant un verbe sous-entend la présence d'un CD.	◯	◯

CHAPITRE 5

LES ADJECTIFS *DEMI* ET *NU*

Les adjectifs *demi* et *nu* sont **invariables** s'ils sont placés **avant le nom** auquel ils sont joints par un trait d'union.

Exemples : Une **demi**-journée. Des enfants **nu**-tête.

Ils sont **variables** s'ils sont placés **après le nom** dont ils reçoivent l'accord.

Exemples : Deux journées et **demie** (*demi* varie en genre seulement)
    Les mains **nues** (*nu* varie en genre et en nombre)

Les adjectifs *mi* et *semi* sont toujours placés **devant un nom** auquel ils sont joints par un trait d'union et sont toujours **invariables**.

Exemples : La **mi**-octobre. Un métal **semi**-conducteur.

Demi est employé couramment, alors que ***semi*** est surtout employé dans les termes techniques.

Exemple : des plateformes **semi**-submersibles

Dans les GN suivants, accordez les mots en caractères gras s'il y a lieu.

a) Des salles **semi**_____-circulaires

b) Deux jours et **demi**_____

c) Des élèves **nu**_____-pieds

d) La **mi**_____-janvier

e) Trois journées et **demi**_____

f) La déesse aux pieds **nu**_____

g) Des cheveux **mi**_____-longs

h) Une pierre **semi**_____-précieuse

i) Deux minutes et **demi**_____

j) Des filles **nu**_____-mains

k) Des **demi**_____-heures

l) Des **demi**_____-dieux

CHAPITRE 5

LES DÉTERMINANTS NUMÉRAUX

1. Soulignez les déterminants dans le texte suivant.

> Quelquefois, un battement de pas lourds s'approchait. C'était une patrouille de cent hommes au moins ; des chuchotements, de vagues cliquetis de fer s'échappaient de cette masse confuse ; et, s'éloignant avec un balancement rythmique, elles se fondaient dans l'obscurité.
>
> ■ Gustave FLAUBERT, *L'éducation sentimentale*, Paris, Booking International, 1993, p. 346.

■ Le **déterminant** sert à préciser le nom qu'il accompagne.

Exemples : **Ce** livre, *le* livre, ***mon*** livre, ***trois*** livres, ***un*** livre, ***quelques*** livres, ***des*** livres, etc.

■ Parmi les catégories de déterminants, on trouve le **déterminant numéral** qui sert à indiquer le nombre, la quantité précise d'êtres ou d'objets dont on parle.

Exemple : Ma grand-mère a eu **dix** enfants.

■ Il faut distinguer le déterminant numéral de l'**adjectif ordinal,** ce dernier servant à compléter un nom dont il indique le rang (*premier, deuxième, centième,* etc.).

Exemples : – Les ***premiers*** arrivés seront récompensés.
　　　　　　– Lisez la page ***quatre-vingt.*** (c'est-à-dire la quatre-vingtième page)

■ Le mot ***mille*** peut être un déterminant numéral ou un nom. Lorsqu'il est employé comme nom, il désigne une unité de mesure de distance et prend la marque du pluriel.

Exemple : Trois mille milles plus loin, c'était la tempête.

> | Dét. numéral invariable | Nom masculin pluriel |

■ Les mots ***millier, million*** et ***milliard*** sont des **noms** : ils sont donc **variables.**

■ Le mot ***un*** peut être un déterminant numéral ou un déterminant défini.

Exemples : – Je suis allé à cette fête avec ***un*** ami. (déterminant défini se rapportant à un nom indéterminé)
　　　　　　– J'ai acheté ***un*** kilo de sucre au marché. (déterminant numéral précisant une quantité)

CHAPITRE 5

2. Soulignez les déterminants numéraux dans les phrases suivantes.

a) Ce pêcheur a pris quarante-six poissons en deux jours. C'est la deuxième fois en trois ans qu'il en prend autant.

b) Cent mille milles plus loin, un autre pêcheur a passé trois semaines sans attraper un seul poisson ; c'est un échec pour lui !

c) Des milliers d'espèces de poissons vivent dans nos mers et dans nos océans.

d) À la page cent deux de cette encyclopédie, on peut voir les mille et une espèces de poissons existants.

e) Un tiens vaut mieux que deux tu l'auras.

f) Cent fois sur le métier remettez votre ouvrage.

g) De deux maux, il faut choisir le moindre.

h) Les derniers seront les premiers.

i) Sept milliards d'individus peuplent maintenant la planète.

j) Mille doutes m'assaillent en ce moment.

{astuce}

Traditionnellement, les nombres plus petits que cent doivent s'écrire avec des traits d'union.

Ex. : Mille quatre cent quatre-vingt-deux

Cependant, le trait d'union ne s'emploie pas entre le nombre et le nom qu'il accompagne.

Ex. : Cent vingt-deux ans

■ Les déterminants **numéraux** sont généralement **invariables**.

*Exemples : **Sept** nains accompagnaient Blanche-Neige. Ulysse a réalisé **douze** travaux.*

Cependant, les déterminants *vingt* et *cent* prennent la marque du pluriel s'ils sont multipliés et s'ils terminent le nombre.

Exemples : – J'ai déboursé ***trois cents*** dollars pour cette œuvre d'art.
– Elle valait ***trois cent cinquante*** dollars.
– Ma grand-mère fête ses ***quatre-vingts*** ans.
– Mon grand-père a ***quatre-vingt-deux*** ans.

À noter : Quand **vingt** s'additionne à **cent** et à **mille**, il est **invariable**.

Exemple : Cent ***vingt*** invités étaient réunis dans la pièce.

■ Le déterminant *un* devient *une* devant un nom féminin.

Exemple : Mohammed n'a commis qu'***une*** erreur dans sa dernière dictée.

■ Les adjectifs ordinaux reçoivent le **genre** et le **nombre** du nom qu'ils complètent.

Exemple : Les **premières** neiges tardent à venir.

■ Lorsque *un, vingt* et *cent* sont utilisés comme adjectifs ordinaux, ils sont toujours **invariables**.

Exemples : Volume ***quatre-vingt*** ; page ***un*** ; ligne ***deux cent***.

3. Dans les phrases suivantes, écrivez en lettres les chiffres entre parenthèses et faites les accords s'il y a lieu.

a) Les (85) _____ personnes présentes ont vécu de grandes émotions.

b) Vous trouverez les (200) _____ réponses à cet exercice dans les (80) _____ pages suivantes.

c) Les (81) _____ automobiles de cette compagnie ont été mises au rancart.

d) À la page (1800) _____, nous avons vu en images les (1res) _____ Nations du Canada.

e) Ce volume des contes des (1001) _____ nuits contient (1280) _____ pages.

f) Sébastien espère obtenir entre (80) _____ et (90) _____ pour (100) _____.

g) La guerre de (100) _____ Ans a duré en fait (106) _____ ans.

h) Les (24) _____ heures d'une journée ne sont pas toujours suffisantes.

i) Les (120) _____ minutes de ce cours m'ont paru durer (200) _____ ans.

j) *L'éducation sentimentale* de Gustave Flaubert est un roman de (484) _____ pages que je n'ai pas encore réussi à lire en entier.

k) Les (2220) _____ volumes de cette bibliothèque devront tous être reclassés. Ce sont (1300) _____ ans d'histoire répartis sur (28) _____ tablettes.

l) Les (200 000 000) _____ de dollars qui ont été injectés en santé serviront à renouveler les équipements médicaux.

LA CONJUGAISON DES VERBES EN -*INDRE* ET EN -*SOUDRE*

La terminaison des verbes en **-*indre*** et en **-*soudre*** est **-*re*.**

Ces verbes se conjuguent selon le verbe modèle ***craindre.***

1. Répondez aux questions suivantes en donnant des exemples tirés d'un ouvrage de conjugaison et en cochant les cases appropriées.

	EXEMPLE	CRAINDRE	ABSOUDRE	RENDRE
Exemple : Lequel de ces verbes ne perd jamais son *d* ?	Je rends, je rendais, je rendis, je rendrai, rendu, que je rende			✓
a) Lesquels de ces verbes se conjuguent sans le *d* au présent de l'indicatif ?				
b) Lequel de ces verbes voit les lettres *nd* se transformer en *gn* devant une voyelle ?				
c) Lesquels de ces verbes voient le *d* se transformer en *t* à la 3ᵉ personne du singulier au présent de l'indicatif ?				
d) Lequel de ces verbes voit les lettres *ud* se transformer en *lv* devant une voyelle ?				
e) Lesquels de ces verbes conservent le *d* au futur simple et au conditionnel présent ?				
f) Quel verbe a une terminaison différente au masculin et au féminin lorsqu'il est conjugué au participe passé ?				

 à retenir

Contrairement au verbe *absoudre*, *résoudre* a un passé simple (je *résolus,* tu *résolus,* etc.). De plus, son participe passé est *résolu/résolue* et non *résous/résoute*.

2. a) Conjuguez les verbes au présent de l'indicatif dans le texte suivant. Vous pouvez utiliser un ouvrage de conjugaison.

Il (peindre) _____ le fleuve en été. Il (appliquer) _____ différents tons de bleu. Pour ce faire, il (mélanger) _____ la couleur avec du noir ou du blanc, ou la (dissoudre) _____ un peu dans l'eau pour créer des effets de transparences. Il (atteindre) _____ son but : on (avoir) _____ vraiment l'impression que l'eau (couler) _____ et qu'elle (rejoindre) _____ l'océan.

b) Récrivez le texte en conjuguant les verbes à l'imparfait.

_____

_____

_____

_____

_____

_____

c) Récrivez le texte en conjuguant les verbes au futur simple.

_____

_____

_____

_____

_____

_____

d) Récrivez le texte en conjuguant les verbes au passé composé.

_____

_____

_____

_____

_____

_____

3. a) Conjuguez les verbes au présent de l'indicatif dans le texte suivant. Vous pouvez utiliser un ouvrage de conjugaison.

Il (joindre) _____ tous les éléments de sa démarche. Il (résoudre) _____ cette énigme, mais il (craindre) _____ de ne pas avoir la bonne réponse. Il (feindre) _____ cependant de l'avoir trouvée pour désarçonner son adversaire qui le (plaindre) _____ sournoisement.

b) Récrivez le texte en conjuguant les verbes à l'imparfait.

_____

_____

_____

_____

c) Récrivez le texte en conjuguant les verbes au futur simple.

_____

_____

_____

_____

d) Récrivez le texte en conjuguant les verbes au passé composé.

_____

_____

_____

_____

e) Récrivez le texte en conjuguant les verbes au passé simple.

_____

_____

_____

_____

L'attribut du complément direct

1. Répondez aux questions qui portent sur les deux phrases suivantes.

Phrase 1	**Phrase 2**
Ces films sont divertissants.	Je trouve ces films divertissants.

a) Quel est le donneur d'accord de l'adjectif *divertissants* ? _____

b) Quelle est la fonction du donneur dans la phrase 1 ? _____

c) Quelle sorte de verbe est employé dans la phrase 1 ? _____

d) Quelle est la fonction de *divertissants* dans la phrase 1 ? _____

e) Quelle sorte de verbe est employé dans la phrase 2 ? _____

f) Quelle est la fonction du donneur d'accord de l'adjectif dans la phrase 2 ?

_____

g) L'adjectif *divertissants* est-il complément du nom *films* dans la phrase 2 ? _____

Il existe deux sortes d'attributs :

- l'**attribut** du <u>sujet</u> ➡ <u>Elles</u> semblent **heureuses.** (*heureuses* est attribut du sujet *Elles*)
- l'**attribut** du <u>CD</u> ➡ Je <u>les</u> sens **exaltées.** (*exaltées* est attribut du CD *les*)

L'**attribut du CD** se trouve dans un GV formé d'un verbe transitif et d'un CD. L'expansion apporte une précision sur le CD.

Exemple : Les enfants imaginent leur avenir **meilleur.**

CD

Verbe transitif direct — Attribut du CD

Il faut aussi distinguer l'attribut du CD du complément du nom.

- Le **complément du nom** est effaçable.

  Exemple : Je regarde des films **divertissants.** ➡ Je regarde des films.

- L'attribut du CD est **non effaçable.**

  Exemple : Je trouve ces films **divertissants.** ➡ Ø Je trouve ces films.

  (On ne peut effacer l'attribut sans changer le sens de la phrase.)

© Éditions Grand Duc   Merci de ne pas photocopier

CHAPITRE 6

2. Déterminez la fonction des groupes soulignés dans les phrases suivantes :
attribut du sujet, complément du nom ou attribut du CD. Pour vous aider,
appliquez la manipulation appropriée.

PHRASE	FONCTION
a) Les chats sont <u>paresseux</u>.	
b) Je considère les chats <u>comme des bêtes affectueuses</u>.	
c) J'adore ces félins <u>exceptionnels</u>.	
d) J'ai adopté un <u>magnifique</u> siamois.	
e) Je n'envisage pas ma vie <u>sans chat</u>.	
f) Les chats semblent <u>bien</u> partout où ils sont.	
g) Certains les traitent <u>comme des compagnons de vie</u>.	
h) On croit les chats <u>porteurs de neuf vies</u>.	
i) Ils sont <u>sauvages</u> de nature.	
j) Les chats entendent le <u>moindre</u> bruit.	

> La fonction attribut du complément direct peut être remplie par un **GN**, un **GAdj**,
> un **GPrép** et un **GAdv**.

3. Dans les phrases suivantes, soulignez le groupe attribut du complément direct
et précisez le nom du groupe syntaxique.

Groupe syntaxique

a) Les scientifiques trouvent le réchauffement
de la planète anormal. _____

b) Les gouvernements les traitent parfois d'alarmistes. _____

c) Les groupes environnementaux jugent
la situation à risque. _____

d) Certains les appellent les gardiens de la planète. _____

e) La population en général estime le discours
des compagnies pétrolières loin de la réalité. _____

f) Les jeunes, préoccupés par l'environnement,
croient dangereux les gaz à effet de serre. _____

g) Ils imaginent la conscience écologique
des gens endormie. _____

h) Les experts sentent imminente la fin d'une planète
équilibrée sur le plan météorologique. _____

> Lorsque l'attribut du CD est un **GAdj** dont le noyau est un adjectif ou un participe passé employé seul, il reçoit l'accord du <u>noyau</u> du groupe qui exerce la fonction CD.
>
> *Exemple :* Nous jugeons cette <u>notion</u> grammaticale **compliquée.**

4. Complétez les phrases suivantes par un attribut du CD en respectant le groupe syntaxique demandé. Accordez l'attribut au besoin.

a) J'ai trouvé _____ le geste de ce héros.
      (GAdj)

b) Je juge ce spectacle _____.
                 (GPrép)

c) Il tient cet élève _____.
            (GAdj)

d) Il imagine son voyage _____.
                  (GAdj)

e) L'élève a traité son amie _____.
                    (GPrép)

f) On a nommé cette enseignante _____.
                       (GN)

g) Je prends mon café _____.
              (GAdj) + (GPrép)

h) Il a découvert la vieille dame _____ sur son lit.
                      (GAdj)

CHAPITRE 6

LA FONCTION DE MODIFICATEUR

1. Déterminez le nom des groupes syntaxiques soulignés dans le texte et reliez-les aux mots dont ils modifient le sens.

Texte

Eugène tenait <u>paresseusement</u> (GAdv) sa tête <u>de côté</u> (   ) sur le traversin,

en fronçant <u>sévèrement</u> (   ) les sourcils, en dilatant <u>avec dédain</u> (   )

ses narines ; sa pauvre petite figure devenait <u>plus</u> blême <u>que</u> (   ) ses draps ;

et il s'échappait <u>avec délicatesse</u> (   ) de son larynx un sifflement par chaque

inspiration, <u>de plus en plus</u> (   ) courte, <u>très</u> (   ) sèche, comme

métallique. Sa toux ressemblait <u>étrangement</u> (   ) au bruit de ces mécaniques

barbares qui font japper <u>assez</u> (   ) <u>fort</u> (   ) les chiens de carton.

■ Adapté de *L'Éducation sentimentale,* Gustave FLAUBERT, Paris, Bookking International, 1993, p. 292.

{astuce}

Certains GAdv peuvent être modificateurs d'un <u>déterminant numéral</u>.

Ex. : Nous étions **environ** <u>cent</u> personnes.

Le **groupe de l'adverbe** et le **groupe prépositionnel** marquant des degrés **de qualité et de quantité** remplissent la fonction de **modificateur.**

Ces groupes peuvent être modificateurs

■ du <u>verbe</u> ➡ Elle <u>dort</u> **calmement.** / Elle <u>dort</u> **à poings fermés.**

■ de l'<u>adverbe</u> ➡ Elle dort **très** <u>calmement</u>.

■ de l'<u>adjectif</u> ➡ La température semblait **plutôt** <u>fraîche</u>.

À noter

Les adverbes de négation (*ne… pas, ne… plus, ne… jamais,* etc.) remplissent la fonction de **modificateur du verbe.**

2. Dans les phrases suivantes, soulignez le groupe modificateur et indiquez s'il s'agit d'un GAdv ou d'un GPrép. Précisez sa fonction (modificateur du verbe, de l'adverbe ou de l'adjectif).

Exemple :

Quelques gouttes de pluie tombaient <u>doucement</u>.   GAdv. Modificateur du verbe *tombaient*

a) La lumière se faisait trop discrète. _____

b) Le soleil se levait avec lenteur. _____

c) Je n'en croyais pas mes yeux. _____

d) Je restai immobile environ dix minutes. _____

e) Tout à fait seul, j'admirais le paysage. _____

f) Plus tard, je me fis à déjeuner. _____

g) Je cuisinais avec difficulté. _____

h) Lorsque la viande fut bien cuite, je me mis _____

    prestement à table. _____

i) Complètement rassasié, je ne pouvais plus _____

    me lever de table. _____

■ Le modificateur de l'<u>adjectif</u> et de l'<u>adverbe</u> est **toujours** placé **avant** ceux-ci.
Exemples : Le temps était **plutôt** <u>triste</u>. / Je courus **très** <u>rapidement</u> vers ma destinée.

■ Le modificateur du <u>verbe</u> est placé **après** le verbe.
Exemple : Elle <u>marche</u> **d'un pas rapide** et elle <u>parle</u> **fort**.

■ Si le verbe est conjugué à un <u>temps composé</u>, le groupe de l'adverbe peut être placé **entre** l'<u>auxiliaire</u> et le <u>participe passé</u>.
Exemple : La bête <u>a</u> **subitement** <u>tenté</u> de s'enfuir.

■ Les adverbes de négation **encadrent** le <u>verbe</u> à un <u>temps simple</u> ou l'<u>auxiliaire</u> à un <u>temps composé</u>.
Exemples : La bête **ne** <u>tente</u> **plus** de s'enfuir. / La bête **n'**<u>a</u> **plus** <u>tenté</u> de s'enfuir.

---

3. Dans le texte suivant, ajoutez des groupes exerçant la fonction de modificateur.

Le chat Igor s'étirait _____ près de la clôture. C'était

un animal _____ rond, _____ calme, _____

frondeur. Ses yeux _____ perçants _____

lui donnaient cependant _____ un air menaçant.

LA SUBORDONNÉE COMPLÉMENT DE PHRASE

1. Dans les phrases suivantes, soulignez les quatre subordonnées compléments de phrase.

a) Parce qu'il n'a pas trouvé de travail, Georges se sent anxieux.

b) Henri, qui est plutôt paresseux, se traîne les pieds toute la journée.

c) Je sais que, quand il sera plus actif, Victor se sentira mieux.

d) Avant qu'il parte pour son entrevue, Gustave se prépare consciencieusement.

e) Bien qu'il soit nerveux, Odilon se dirige courageusement vers le bureau du patron.

{astuce}

Il faut détacher la subordonnée complément de phrase par des virgules lorsqu'elle est déplacée en tête de phrase ou au milieu de celle-ci.

Lorsque la subordonnée est à la fin, la virgule n'est pas obligatoire.

La **subordonnée complément de phrase** se distingue de la subordonnée relative et de la subordonnée complétive.

■ Comme son nom l'indique, la subordonnée complément de phrase exerce la fonction de **complément de phrase**. Elle est donc **déplaçable** et **effaçable**.

Exemple : Pierre a décidé d'utiliser les transports en commun **au cas où sa voiture briserait**.

Déplacement

– Pierre, **au cas où sa voiture briserait**, a décidé d'utiliser les transports en commun.

– **Au cas où sa voiture briserait**, Pierre a décidé d'utiliser les transports en commun.

Effacement

– Pierre a décidé d'utiliser les transports en commun.

■ La subordonnée complément de phrase peut être introduite par *et cela se passe* ou *et cela se fait*.

– Pierre a décidé d'utiliser les transports en commun *et cela s'est fait* **au cas où sa voiture briserait**.

À noter

Lors de cette manipulation, il faut ajuster le temps du verbe *passer* ou *faire* avec le verbe de la phrase complétée.

CHAPITRE 6

2. Soulignez les subordonnées compléments de phrase dans les phrases suivantes. Effectuez la manipulation du déplacement, puis récrivez les phrases en les dédoublant avec l'élément *et cela se passe* ou *et cela se fait*.

Exemple :

Lorsqu'il fait froid, mon neveu aime aller jouer dehors.

Déplacement : Mon neveu, lorsqu'il fait froid, aime aller jouer dehors.

Mon neveu aime aller jouer dehors lorsqu'il fait froid.

Dédoublement : Mon neveu aime aller jouer dehors et cela se passe lorsqu'il fait froid.

a) Sa sœur préfère rester à la maison parce qu'elle est plutôt casanière.

Déplacement : _____

_____

Dédoublement : _____

_____

b) Elle lui a fait des tonnes de recommandations afin qu'il ne commette aucune imprudence.

Déplacement : _____

_____

Dédoublement : _____

_____

c) Elle commence cependant, sitôt qu'il est parti, à se faire du souci.

Déplacement : _____

_____

Dédoublement : _____

_____

La **subordonnée complément de phrase** est introduite par un subordonnant qui détermine le rapport exprimé par la subordonnée.

Les rapports exprimés sont notamment le temps, la cause, la conséquence et le but.

3. Associez chacune des listes de conjonctions suivantes au rapport qu'elles expriment. Utilisez les rapports énumérés dans l'encadré de la page 111. Donnez un exemple pour chacun des rapports.

LISTE DE CONJONCTIONS	RAPPORT EXPRIMÉ	EXEMPLE
Exemple : lorsque, quand, avant que, après que, sitôt que, jusqu'à ce que, pendant que, depuis que	Temps	**Lorsque** mon réveille-matin a sonné, je me suis levé précipitamment.
afin que, pour que, de peur que		
parce que, puisque, comme, vu que		
si bien que, de façon que, de manière que, de manière que		

4. Relevez les conjonctions de subordination dans les phrases du numéro **2** et indiquez le rapport qu'elles expriment.

Conjonction de subordination	Rapport exprimé
Exemple : lorsque	Temps
a)	
b)	
c)	

Le verbe de la subordonnée complément de phrase peut être conjugué au mode **indicatif** ou au mode **subjonctif**.

■ Lorsque la subordonnée complément de phrase exprime la **cause** ou la **conséquence**, l'**indicatif** est **obligatoire**.

Exemples : – Il se confond en excuses *étant donné* qu'il **est** en retard. (cause)
　　　　　　– Son retard le rend mal à l'aise, *si bien qu'*il **rougit.** (conséquence)

■ Lorsque la subordonnée complément de phrase exprime le **but**, le **subjonctif** est **obligatoire**.

Exemple : – Les élèves se taisent *afin que* l'enseignant **puisse donner** son cours. (but)

■ Lorsque la subordonné complément de phrase exprime le **temps**, le verbe est à l'**indicatif** ou **subjonctif** selon le subordonnant utilisé.

Exemples : – Les élèves rient tandis que l'enseignant les **dispute.** (simultanéité = indicatif)
　　　　　　– Les élèves sont devenus sérieux dès qu'ils **ont eu** leurs résultats. (postériorité = indicatif)
　　　　　　– Il est arrivé avant que nous **ayons mangé.** (antériorité = subjonctif)

5. Ajoutez une subordonnée complément de phrase dans chacune des phrases suivantes. Choisissez une conjonction de subordination qui exprime le rapport indiqué.

a) Dis-moi la vérité _____.
　　　　　　　　　　　　　　　(But)

b) Luc est absent _____.
　　　　　　　　　　　　　(Cause)

c) Mes parents partiront en vacances _____.
　　　　　　　　　　　　　　　　　　　　　(Temps)

d) Je te prêterai ma voiture _____.
　　　　　　　　　　　　　　　　(Temps)

e) Ma mère m'a permis de sortir _____.
　　　　　　　　　　　　　　　　　　(But)

f) Tout s'est bien passé _____.
　　　　　　　　　　　　　　(Conséquence)

g) Ma cousine a persévéré _____.
　　　　　　　　　　　　　　　(Conséquence)

h) Elle a réussi _____.
　　　　　　　　　　　(Cause)

CHAPITRE 6

L'ACCORD DE *TOUT*

1. Dans chacune des phrases, soulignez le mot *tout*. Ensuite, trouvez le groupe syntaxique (**GN** ou **pronom, GV, GAdj** ou **GAdv**) dans lequel il se trouve et indiquez, s'il y a lieu, s'il constitue le noyau (**N**) du groupe ou une expansion (**E**) du groupe.

PHRASE	GROUPE SYNTAXIQUE	NOYAU OU EXPANSION
Exemple : Toutes notes de cours seront interdites au moment de l'examen.	GN	Ø
a) Le matériel doit être glissé sous les tables, tout simplement.		
b) Les élèves rangent tout et ne gardent qu'un crayon.		
c) Certains sont tout inquiets de ne pas savoir ce qui les attend.		
d) Tous n'ont pas assez étudié.		
e) Certaines bonnes élèves paraissent toutes nerveuses devant cette épreuve déterminante.		
f) Tous les élèves sont concentrés : tous travaillent en silence.		
g) Le tout est de faire de bons liens et de bien réviser ses réponses.		

Le mot *tout* peut appartenir à **quatre** classes de mots différentes selon la place qu'il occupe dans une phrase.

■ *Tout* peut être un **nom** : il est alors **précédé** d'un <u>déterminant</u> (<u>Le</u> **tout**).

■ *Tout* peut être un **déterminant quantitatif** : il **précède** alors un <u>nom</u> (**Tous** les <u>jours</u>).

■ *Tout* peut être un **pronom indéfini** : il peut exercer la fonction **sujet** (**Tout** est fini) ; il peut **reprendre** un GN dans un <u>GV</u> (Les invités <u>sont</u> **tous** <u>partis</u>) ; il peut compléter un <u>verbe</u> dans un GV (J'ai **tout** <u>compris</u>).

■ *Tout* peut être un **adverbe** : il **précède** alors un <u>adjectif</u> (Elle est **tout** <u>intimidée</u>) ou un <u>adverbe</u> (Il est arrivé **tout** <u>bonnement</u>). Il est possible de le remplacer par *très*.

2. Remplissez le tableau à l'aide des phrases du numéro précédent : écrivez le groupe syntaxique dans lequel le mot *tout* est inclus ; indiquez le noyau du groupe ; écrivez son expansion ou son déterminant ; indiquez la classe du mot *tout*.

	GROUPE SYNTAXIQUE	NOYAU	EXPANSION OU DÉTERMINANT	CLASSE DU MOT *TOUT*
	Exemple : Toutes notes de cours	notes	– Toutes – de cours	Déterminant
a)				
b)				
c)				
d)				
e)				
f)				
g)				

3. a) Indiquez la classe de mots à laquelle appartient le mot *tout* dans les phrases suivantes.

b) Indiquez, s'il y a lieu, le genre et le nombre du mot *tout* pour chacune des phrases.

c) Si *tout* est donneur d'accord, faites une flèche vers son receveur, si *tout* est receveur d'accord, faites une flèche vers son donneur.

1) Tous n'ont pas donné leur appui au candidat. _____

2) Le candidat a salué toutes les personnes qui lui

   ont fait confiance. _____

3) Le candidat était tout content à la suite de sa victoire. _____

4) De tous les discours qu'il a prononcés pendant

   la campagne, celui-ci a été le plus vibrant. _____

5) Les partisans l'ont tous applaudi chaleureusement. _____

6) Tout le groupe aurait aimé qu'il remporte

   les élections. _____

7) Mais comme il le dit lui-même : « Nous avons joué _____

   le tout pour le tout. Mais la prochaine campagne _____

   sera tout autre ! »

à retenir

- Lorsqu'il est un **nom, tout** reste généralement au singulier. Au pluriel, il suffit de lui ajouter un **s** (Les **touts**).
- Lorsqu'il est **déterminant, tout** reçoit le **genre** et le **nombre** du <u>nom</u> qui le suit (**Tout** le <u>temps</u>, **Toute** <u>famille</u>, **Tous** les <u>ans</u>, **Toutes** les <u>années</u>).
- Lorsqu'il est **pronom indéfini, tout** varie en **genre** et en **nombre** selon ce qu'il désigne (J'ai invité **ses amies** : **toutes** étaient là). Quand il complète un verbe, **tout** est toujours masculin singulier (J'ai **tout** dit).
- Lorsqu'il est **adverbe, tout** reste **invariable** (Ils sont **tout** gênés ; Ils se sont parlé **tout** haut)
- Pour une raison de liaison, **tout adverbe** doit s'accorder en **genre** et en **nombre** quand il est suivi d'un <u>adjectif féminin commençant par une consonne ou un *h* aspiré</u>. (Elles sont **toutes** <u>gênées</u> ; Elle dort **toute** <u>recroquevillée</u> ; Elle est tout <u>honteuse</u>). Dans tous les autres cas, **tout** est **invariable** (Elles sont **tout** <u>intimidées</u>).

4. Dans les phrases suivantes, ajoutez le mot *tout* et accordez-le s'il y a lieu. Indiquez dans les parenthèses la classe de mots à laquelle appartient le mot *tout*.

a) Nous avons couru _____ (_____) la journée. Pas besoin de vous cacher que nous sommes en ce moment _____ (_____) essoufflés.

b) Le film se termine par la célèbre réplique : « Un pour _____ (_____), _____ (_____) pour un ! » On peut alors annoncer que _____ (_____) est bien qui finit bien.

c) Reprenez le _____ (_____). Les notes doivent _____ (_____) être jouées comme si elles coulaient de source.

d) _____ (_____) autre excuse ne sera pas acceptée ; vous devrez donc passer la récréation _____ (_____) entière dans la classe.

e) _____ (_____) ému, il avait des préoccupations _____ (_____) autres.

f) _____ (_____) prudentes que nous sommes, nous nous sommes fait voler _____ (_____) nos bagages.

g) Il y avait plusieurs étudiants dans la salle pour cette conférence. Ils l'ont _____ (_____) aimée, car ils ont _____ (_____) compris.

LES VERBES EN -*DRE* ET EN -*TRE*

1. Soulignez le radical dans les verbes suivants et indiquez leur mode et leur temps.

> **Mode et temps**

Exemple :

Je te le <u>prend</u>s.　　Je te le <u>rend</u>s.　　　Ind. présent

a) Il le lui prend.　　　Il le lui rend.　　　_____

b) Nous vous le prenons.　Nous vous le rendons.　_____

c) Ils le leur prennent.　Ils le leur rendent.　_____

d) Je te le prenais.　　Je te le rendais.　　_____

e) Il le lui prenait.　　Il le lui rendait.　_____

f) Nous vous le prenions.　Nous vous le rendions.　_____

g) Je te le prendrai.　　Je te le rendrai.　_____

h) Il le lui prendra.　　Il le lui rendra.　_____

i) Nous vous le prendrons.　Nous vous le rendrons.　_____

2. Répondez aux questions suivantes à l'aide des verbes ci-dessus. Vous pouvez consulter un ouvrage de conjugaison.

a) Parmi les quatre terminaisons de l'infinitif, laquelle peut-on associer à ces verbes ?

_____

b) Quel verbe a un radical constant ? _____

c) Quel verbe a un radical changeant ? _____

d) Quel est le changement ?

_____

e) Qu'observez-vous lorsque ces verbes sont conjugués au passé simple et au passé composé ?

_____

3. Trouvez d'autres verbes qui se conjuguent comme *prendre* et *rendre*. Pour vous aider, consultez un ouvrage de conjugaison et observez le radical de ces verbes à l'imparfait et au passé simple de l'indicatif.

Prendre : _____

_____

Rendre : _____

_____

4. Soulignez le radical dans les verbes suivants et indiquez leur mode et leur temps.

		MODE ET TEMPS
a) La soirée met du temps à démarrer.	La soirée bat son plein.	_____
b) La soirée mettait du temps à démarrer.	La soirée battait son plein.	_____
c) La soirée mit du temps à démarrer.	La soirée battit son plein.	_____
d) La soirée mettra du temps à démarrer.	La soirée battra son plein.	_____
e) La soirée a mis du temps à démarrer.	La soirée a battu son plein.	_____
f) La soirée mettrait du temps à démarrer.	La soirée battrait son plein.	_____

5. Répondez aux questions suivantes à l'aide des verbes ci-dessus. Vous pouvez consulter un ouvrage de conjugaison.

a) Parmi les quatre terminaisons de l'infinitif, laquelle peut-on associer à ces verbes ?

_____

b) À quels temps le verbe *mettre* change-t-il de radical ?

_____

c) À quel temps le verbe *battre* change-t-il de radical ?

_____

d) Au passé simple et au passé composé, lequel des deux verbes ressemble le plus au verbe *prendre* ?

_____

e) Quand ils n'ont qu'une syllabe, ces verbes s'écrivent avec un seul _____.

f) Quand ils ont deux syllabes ou plus, ces verbes s'écrivent avec deux _____.

6. Trouvez d'autres verbes qui se conjuguent comme *mettre* et *battre*. Pour vous aider, consultez un ouvrage de conjugaison et observez le radical de ces verbes au passé simple de l'indicatif.

METTRE	BATTRE

7. a) Conjuguez les verbes du texte suivant à l'indicatif présent. Vous pouvez utiliser un ouvrage de conjugaison.

Lorsque nous (débattre) _____, nous (attendre)

_____ notre tour de parole. Chacun des participants (défendre)

_____ avec passion son point de vue et (transmettre)

_____ ses opinions de manière convaincante. Ainsi, il (mettre)

_____, dans la mesure du possible, l'auditoire de son côté.

Le participant habile (surprendre) _____ l'adversaire par des

répliques cinglantes mais réfléchies. Il (omettre) n'_____ pas

de rester poli et ne se (répandre) _____ pas en injures. Cela lui

(permettre) _____ d'être plus fort. La force de ses arguments

(dépendre) _____ des idées (émettre) qu' _____

son adversaire. Il (entendre) n'_____ pas se laisser faire et

(prendre) _____ les grands moyens pour se donner le plus

de crédibilité possible. Il ne (démordre) _____ jamais de sa

prise de position et (confondre) _____ son vis-à-vis en réfutant

ses objections avec talent. Lorsque nous (débattre) _____,

nous (apprendre) _____ à nous faire écouter.

b) Conjuguez les verbes à l'indicatif imparfait.

Lorsque nous (débattre) _____, nous (attendre) _____

notre tour de parole. Chacun des participants (défendre) _____

avec passion son point de vue et (transmettre) _____

ses opinions de manière convaincante. Ainsi, il (mettre) _____,

dans la mesure du possible, l'auditoire de son côté. Le participant habile

(surprendre) _____ l'adversaire par des répliques cinglantes

mais réfléchies. Il (omettre) n'_____ pas de rester poli et
ne se (répandre) _____ pas en injures. Cela lui (permettre)
_____ d'être plus fort. La force de ses arguments (dépendre)
_____ des idées (émettre) qu' _____
son adversaire. Il (entendre) n'_____ pas se laisser faire et
(prendre) _____ les grands moyens pour se donner le plus
de crédibilité possible. Il ne (démordre) _____ jamais de sa
prise de position et (confondre)_____ son vis-à-vis en réfutant
ses objections avec talent. Lorsque nous (débattre) _____,
nous (apprendre) _____ à nous faire écouter.

c) Conjuguez les verbes à l'indicatif passé simple.

Lorsque nous (débattre) _____, nous (attendre) _____
notre tour de parole. Chacun des participants (défendre) _____
avec passion son point de vue et (transmettre) _____
ses opinions de manière convaincante. Ainsi, il (mettre) _____,
dans la mesure du possible, l'auditoire de son côté. Le participant habile
(surprendre) _____ l'adversaire par des répliques cinglantes
mais réfléchies. Il (omettre) n'_____pas de rester poli et
ne se (répandre) _____ pas en injures. Cela lui (permettre)
_____ d'être plus fort. La force de ses arguments (dépendre)
_____ des idées (émettre) qu'_____
son adversaire. Il (entendre) n'_____pas se laisser faire et
(prendre) _____ les grands moyens pour se donner le plus
de crédibilité possible. Il ne (démordre) _____ jamais de sa
prise de position et (confondre) _____ son vis-à-vis en réfutant
ses objections avec talent. Lorsque nous (débattre) _____,
nous (apprendre) _____ à nous faire écouter.

synthèse

LES GROUPES ET LES FONCTIONS SYNTAXIQUES

(1) Anne d'Autriche avait alors vingt-six ou vingt-sept ans, c'est-à-dire qu'(2) elle se trouvait dans (3) tout l'éclat (4) de sa beauté.

Sa démarche était (5) celle d'une reine ou d'une déesse ; ses yeux, (6) qui jetaient (7) des reflets d'émeraude, étaient (8) parfaitement beaux, et (9) tout à la fois pleins de douceur et de majesté.

Sa bouche était (10) petite et vermeille, et quoique que sa lèvre (11) inférieure, comme celle des princes de la maison d'Autriche, avançât (12) légèrement (13) sur l'autre, elle était (14) éminemment gracieuse (15) dans le sourire mais dédaigneuse dans le mépris.

■ Alexandre DUMAS, *Les Trois Mousquetaires,* Paris, Éditions Gallimard, 1962, p. 155.

1. Dans le tableau suivant, écrivez les groupes syntaxiques soulignés dans le texte ci-dessus. Précisez leur nom et leur fonction.

GROUPE SYNTAXIQUE	NOM DU GROUPE	FONCTION
1) Anne d'Autriche		
2) elle		
3) tout l'éclat		
4) de sa beauté		
5) celle d'une reine ou d'une déesse		
6) qui		
7) des reflets d'émeraude		
8) parfaitement		
9) tout à la fois pleins… majesté		
10) petite et vermeille		
11) inférieure		
12) légèrement		
13) sur l'autre		
14) éminemment		
15) dans le sourire		

SYNTHÈSE

2. Ajoutez les groupes syntaxiques demandés dans le texte suivant.

Monsieur Lecoq

Monsieur Lecoq était un _____ employé de bureau
1-GAdj

_____. Il semblait heureux _____.
2-GPrép   3-GPrép

Jamais il ne se plaignait. _____, quelque chose en lui
4-GAdv exprimant l'opposition

troublait _____ son entourage. Parfois, dans ses
5-GAdj

_____ yeux, passait une lueur
6-GAdv

_____, ou même de tristesse. Il restait immobile
7-GPrép

_____, sans rien dire. On aurait dit qu'il s'ennuyait
8-GPrép

_____.
9-GPrép

Un jour, il annonça _____ qu'il partait
10-GAdv

_____. Ses collègues ne surent que dire.
11-GPrép

Ils étaient _____. Monsieur Lecoq partit
12-GAdv

_____.
13-GPrép

Un an plus tard, monsieur Lecoq revint _____. Il était
14-GPrép

transformé. La lueur _____ de ses yeux n'y était plus.
15-GAdj

Monsieur Lecoq était devenu _____.
16-GAdj

On apprit plus tard qu'il était parti durant tout ce temps pour se chercher une

femme tout simplement. Un mariage _____ fut célébré
17-GAdj

_____.
18-GPrép

SYNTHÈSE

3. Dans le tableau suivant, récrivez les groupes syntaxiques que vous avez ajoutés et indiquez leur fonction.

GROUPE SYNTAXIQUE	FONCTION
1)	
2)	
3)	
4)	
5)	
6)	
7)	
8)	
9)	
10)	
11)	
12)	
13)	
14)	
15)	
16)	
17)	
18)	

4. Indiquez par un crochet toutes les fonctions que peut remplir chacun des groupes syntaxiques ci-dessous.

	SUJET	COMPLÉMENT DE PHRASE	COMPLÉMENT DIRECT DU VERBE	COMPLÉMENT INDIRECT DU VERBE	ATTRIBUT DU SUJET	ATTRIBUT DU COMPLÉMENT DIRECT	COMPLÉMENT DU NOM	COMPLÉMENT DE L'ADJECTIF	MODIFICATEUR
Groupe nominal									
Groupe prépositionnel									
Groupe adjectival									
Groupe adverbial									

LES SUBORDONNÉES

Dans les phrases suivantes, ajoutez la sorte de subordonnée indiquée. Déterminez sa fonction. Dans le cas d'une subordonnée relative, déterminez aussi la fonction du pronom relatif.

Le français

a) Le français, (1)_____,

est pourtant la langue officielle des Jeux olympiques.

    (1) Sub. relative ➡ fonction : _____

      Fonction du pronom relatif : _____

b) Certains considèrent (1)_____,

mais n'hésitent pas à dire (2)_____.

    (1) Sub. complétive ➡ fonction : _____

    (2) Sub. complétive ➡ fonction : _____

c) (1)_____, le français rayonnait

dans toutes les cours d'Europe.

    (1) Sub. compl. de P exprimant le temps ➡ fonction : _____

d) Certains pays africains (1)_____

sont d'anciennes colonies françaises.

    (1) Sub. relative ➡ fonction : _____

      Fonction du pronom relatif : _____

e) Au Québec, plusieurs linguistes pensent (1)_____

_____ et (2)_____

dans peu de temps.

    (1) Sub. complétive ➡ fonction : _____

    (2) Sub. complétive ➡ fonction : _____

f) Le joual, (1)_____,

a été, à une certaine époque, le fier symbole de l'identité du peuple québécois.

    (1) Sub. relative ➡ fonction : _____

      Fonction du pronom relatif : _____

g) Les enseignants de français sont souvent les seuls à voir (1)_____

_____ (2)_____.

    (1) Sub. complétive ➡ fonction : _____

    (2) Sub. compl. de P exprimant la conséquence : _____

SYNTHÈSE

h) En général, les locuteurs francophones sont fiers (1)_____

et réagissent plutôt mal (2)_____.

      (1) Sub. complétive ➡ fonction : _____

      (2) Sub. compl. de P exprimant le temps : _____

i) Toutefois, il est important (1)_____

    (2)_____.

      (1) Sub. complétive ➡ fonction : _____

      (2) Sub. compl. de P exprimant le but : _____

j) Le français ne serait pas si difficile (1)_____

_____.

      (1) Sub. compl. de P exprimant la condition ➡ fonction : _____

k) (1)_____, il émerveille par la beauté et

la diversité de ses mots (2)_____.

      (1) Sub. compl. de P exprimant l'opposition ➡ fonction : _____

      (2) Sub. relative ➡ fonction : _____

        Fonction du pronom relatif : _____

SYNTHÈSE

ÉCRITURE : RÉINVESTISSEMENT

Récrivez le texte suivant en l'enrichissant de groupes syntaxiques et de subordonnées. Vous devez ajouter au moins :

- 4 groupes nominaux ;
- 4 groupes adjectivaux ;
- 4 groupes prépositionnels ;
- 4 groupes adverbiaux ;
- 3 subordonnées relatives ;
- 2 subordonnées complétives ;
- 3 subordonnées compléments de phrase.

Un tic tac inquiétant

Tout a commencé un matin de novembre. Je m'étais levé tôt. J'avais du travail. Dehors, une pluie tombait. Même si j'avais mal dormi, j'étais prêt.

Je me mis au travail. Plus tard, je pris une pause. C'est alors que quelque chose se produisit. Un tic tac se fit entendre dans ma tête. Le bruit s'intensifia, diminua un peu par la suite, puis reprit de plus belle.

Je passai la journée à essayer de l'oublier, mais en vain. Je décidai d'appeler un médecin. Lorsqu'on me répondit, je fus surpris de reconnaître la voix au bout du fil. Ma vie prit, à ce moment-là, une drôle de tournure.

DÉMARCHE DE RÉDACTION

a) Effectuer les premières modifications dans le texte ci-dessus.

b) Rédiger un brouillon sur une feuille mobile.

c) Écrire la version finale dans l'espace prévu à cet effet.

d) Souligner et identifier les groupes de mots et les subordonnées ajoutés.

e) Donner leur fonction syntaxique.

VERSION FINALE

Un tic tac inquiétant

_____

_____

_____

_____

_____

_____

_____

_____

_____

_____

_____

_____

_____

_____

_____

_____

_____

_____

_____

_____

_____

_____

_____

_____

_____

_____

_____

_____

_____

_____

_____

_____

_____

_____

SYNTHÈSE

SYNTHÈSE

128

LES TYPES ET LES FORMES DE PHRASES

1. Identifiez le type et les formes de chacune des phrases numérotées dans le texte suivant en cochant les cases appropriées dans le tableau.

Cher ami,

(1) Quelle ne fut pas ma surprise la semaine dernière de t'apercevoir en ville !

(2) Mon cœur en était bouleversé. (3) N'as-tu pas remarqué mon émoi ? (4) Crois-moi, (5) c'est moi qui te l'affirme, (6) il y avait de l'électricité dans l'air. (7) Il était temps que tu reviennes. (8) Depuis des semaines, comme j'étais ennuyée par ton absence ! Nourrir ma patience, (9) voilà ce que je me disais. (10) Ne m'avais-tu pas dit : (11) « Attends que je revienne, (12) nous ferons des projets » ? (13) Que ma tête était alors remplie de projets ! (14) Mais il fallut que tu me dises que tu repartais. (15) Déception ultime… (16) Mais ton prochain retour, lui, sera le bon, (17) je le sais.

		1	2	3	4	5	6	7	8	9	10	11	12	13	14	15	16	17
TYPE	Déclaratif																	
	Interrogatif																	
	Impératif																	
	Exclamatif																	
FORME	Active ou passive																	
	Positive ou négative																	
	Personnelle ou impersonnelle																	
	Neutre ou emphatique																	
CONSTRUCTION PARTICULIÈRE	Non verbale																	
	Toujours impersonnelle																	
	Infinitive																	
	À présentatif																	

SYNTHÈSE

2. Composez des phrases en respectant les consignes.

a) Type : déclaratif   **Formes** : active, négative, emphatique, personnelle

_____

_____

b) Type : impératif   **Formes** : active, positive, emphatique, personnelle

_____

_____

c) Type : interrogatif   **Formes** : passive, négative, emphatique, personnelle

_____

_____

d) Type : exclamatif   **Formes** : active, négative, neutre, impersonnelle

_____

_____

e) Type : déclaratif   **Formes** : passive, positive, emphatique, personnelle

_____

_____

f) Type : interrogatif   **Formes** : active, positive, emphatique, impersonnelle

_____

_____

g) Type : exclamatif   **Formes** : active, positive, emphatique, personnelle

_____

_____

SYNTHÈSE

LES CATÉGORIES DE VERBES

1. Composez des phrases incluant les verbes indiqués. Chaque fois, les deux verbes doivent faire partie d'une même phrase. Vous pouvez conjuguer ces verbes au temps et au mode désirés, sauf au mode infinitif.

a) 1) Sourire   2) Accomplir

_____

_____

b) 3) Voir   4) Surgir

_____

_____

c) 5) Promettre   6) Aller

_____

_____

d) 7) Paraître   8) Appartenir

_____

_____

e) 9) Adresser   10) Attendre

_____

_____

f) 11) Neiger   12) Se préoccuper

_____

_____

g) 13) Cesser   14) S'insurger

_____

_____

SYNTHÈSE

h)
| 15) | Faire | 16) | Fier |

_____

_____

i)
| 17) | Haïr | 18) | Renoncer |

_____

_____

j)
| 19) | Réfléchir | 20) | Falloir |

_____

_____

k)
| 21) | Rester | 22) | Entendre |

_____

_____

2. Dans le tableau suivant, indiquez la catégorie à laquelle appartient chacun des verbes du numéro précédent. Puis, précisez, s'il y a lieu, la fonction de l'expansion qui accompagne ces verbes.

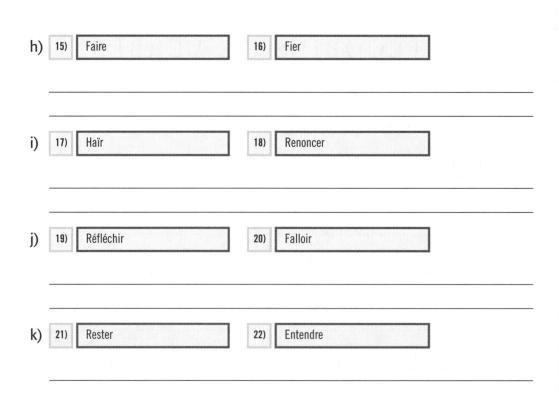

	CATÉGORIE DU VERBE					FONCTION DE L'EXPANSION			
	TRANSITIF	INTRANSITIF	ATTRIBUTIF	PRONOMINAL	IMPERSONNEL	CD	CI	ATTR.	COMPL. DU V. IMPERS.
1)									
2)									
3)									
4)									
5)									
6)									
7)									
8)									
9)									
10)									
11)									
12)									
13)									

Merci de ne pas photocopier   © Éditions Grand Duc

	CATÉGORIE DU VERBE					FONCTION DE L'EXPANSION			
	TRANSITIF	INTRANSITIF	ATTRIBUTIF	PRONOMINAL	IMPERSONNEL	CD	CI	ATTR.	COMPL. DU V. IMPERS.
14)									
15)									
16)									
17)									
18)									
19)									
20)									
21)									
22)									

3. Dans les phrases suivantes, ajoutez des verbes qui conviennent à la structure du GV et qui respectent les temps et les modes demandés. Accordez correctement ces verbes.

a) Ces objets d'art (ind. présent) _____ à ce musée très fréquenté.

b) Les pompiers m' (ind. passé composé) _____ de libérer l'établissement.

c) Cet hommage ne l' (ind. futur simple) _____ pas.

d) Nous nous (ind. passé composé) _____ dans les bois obscurs.

e) L'enseignant (ind. présent) _____ que vous (ind. présent) _____ de talentueux élèves.

f) Les résultats que vous (ind. futur simple) _____ (ind. futur simple) _____ des efforts que vous (ind. futur simple) _____.

g) Il me (ind. imparfait) _____ inutile que je te (sub. présent) _____.

h) Je lui (ind. passé composé) _____ que je lui (ind. cond. présent) _____.

SYNTHÈSE

LA REPRISE DE L'INFORMATION ET L'ACCORD DES PARTICIPES PASSÉS

1. Dans le texte suivant, reprenez l'information de façon cohérente en vous fiant aux référents.

Cracher le morceau

Cette anecdote a eu lieu chez Éloi, un soir de semaine, au moment où _____ a réuni pour la première fois depuis quelques mois _____ quatre meilleurs amis, Jasmine, Céline, Nicolas et Julie. Après de sincères retrouvailles, quelques échanges agrémentés d'un verre ou deux, _____ _____ a invités à s'asseoir à la table de la cuisine. _____ _____ a servi une entrée, puis le plat principal. Chacun a souhaité à l'autre bon appétit.

Pendant le souper, ils interrompaient la conversation, mangeaient un peu et _____ reprenaient. _____ ne cessaient de discuter de sujets et d'autres, de philosopher, comme chaque fois qu'_____ étaient ensemble.

À un certain moment, Jasmine a levé le ton pour prendre la parole. Éloi, Céline, Nicolas et Julie, aussitôt, ont arrêté de parler. _____ s'est mise à _____ raconter une blague entendue dernièrement. _____ restait sérieuse pour éviter de vendre la mèche, malgré qu'_____ ait dû se retenir pour ne pas rire. _____ _____écoutaient attentivement. Une fois que _____ a divulgué le fin mot de l'histoire, _____ ont tous éclaté de rire. La blague a provoqué un effet hilarant. _____ _____ont trouvée bien bonne.

Parce qu'_____ riait trop, Nicolas, un morceau de pain dans la bouche, a avalé de travers. _____ est resté pris dans _____ gorge. _____ a pris _____ cou à deux mains, incapable de respirer. Le souffle _____ a manqué ; les autres ont retenu _____ _____ un instant. En moins de deux, Céline a sauté de _____ chaise, a contourné Jasmine et Julie, _____ a frôlées au passage pour se retrouver derrière Nicolas. _____ a tiré _____ chaise et _____ a dit de rester calme. _____ _____ a soulevé, mais les jambes _____ _____ avaient de la difficulté à _____ maintenir stable. La panique a envahi Nicolas.

Céline, toute petite, a saisi la chaise et _____ a éloignée. _____ a entouré le ventre de Nicolas de _____ deux bras qui avaient du mal à se joindre.

À la table, Julie, impuissante, s'est mise à pleurer. Éloi a réclamé le téléphone sans fil posé derrière Jasmine sur une petite table. _____ _____ a pris et _____ a lancé à Éloi qui _____ a attrapé. _____ a composé le 9-1-1, nerveux. Julie, les yeux noyés de larmes, a empoigné _____ serviette de table et _____ a épongés en sanglotant. Jasmine _____ a suppliée de se calmer, alors qu'_____ sentait son cœur serrer _____ poitrine.

2. Conjuguez les verbes entre parenthèses au passé composé et ajoutez la terminaison des adjectifs participes. Attention à l'accord ! Encerclez le donneur des participes passés s'il y a lieu.

Céline, qui (disparaître) _____ derrière le grand corps de Nicolas, (placer) _____ un poing sur le nombril de ce dernier, deven_____ rouge. Elle l' (couvrir) _____ de son autre main. Éloi (obtenir) _____ la communication. Son premier réflexe (être) _____ de crier. Jasmine lui (arracher) _____ le combiné. Elle (expliquer) _____ la situation doucement à son interlocuteur, même si son cœur l' (marteler) _____ jusque dans la tête. Pri_____ d'un regain de foi religieuse, Éloi (fermer) _____ les yeux et (joindre) _____ les mains pour prier. Les larmes de Julie (abonder) _____. Sa bouche (émettre) _____ soudain un râle caverneux digne d'une agonisante. Elle l' (remplir) _____ de nourriture pour rester silencieuse.

Céline (appuyer) _____ sur l'abdomen de Nicolas. Elle l' (contracter) _____ sous le diaphragme une fois… deux fois… Jasmine (porter) _____ un doigt à son oreille gauche, l'autre main étant toujours fix_____ au combiné, lequel (coller) _____ sur son oreille droite. Les râles de Julie l' (empêcher) _____ d'entendre la voix à l'autre bout du fil. Éloi (tomber) _____ à genoux, (lever) _____ ses bras, (tourner) _____ les paumes de ses mains vers le ciel et (murmurer) _____ d'inaudibles incantations en faisant rouler ses yeux sous ses paupières. Julie (remettre) _____ de la nourriture dans sa bouche, si bien que ses joues (doubler) _____ de volume. Jasmine lui

SYNTHÈSE

(crier) _____ d'avaler et (demander) _____ à la personne au bout du fil de l'excuser étant donné que ce n'est pas à elle qu'elle avait parlé.

Céline (poursuivre) _____ son intervention. La situation (progresser) _____. Trois fois… quatre fois… Le morceau de pain (jaillir) _____ tout à coup de la bouche de Nicolas. Celui-ci (reprendre) _____ aussitôt ses couleurs. Éloi, toujours paumes tourn_____ vers le ciel, (recevoir) _____ le responsable de toute cette agitation dans la main gauche, telle une offrande. Il (ouvrir) _____ les yeux, étonn_____. Il (voir) _____ le pain englu_____ dans sa main, une moue de dégoût (apparaître) _____ sur son visage. Julie, qui (finir) _____ par tout avaler, (pouffer) _____ de rire. Elle n'avait pas besoin de rire aux larmes : ces dernières, déjà présent_____, (continuer) _____ à couler. Toujours en communication avec la personne des services d'urgence, Jasmine l' (remercier) _____ et (mettre) _____ un terme à la communication.

Nicolas (reprendre) _____ son souffle tandis qu'Éloi, Jasmine et Julie (laisser) _____ échapper le leur en soupirs de soulagement. Céline (sortir) _____ de l'ombre de Nicolas, plus calme qu'une eau morte. Ils (regarder) _____ tous, la lumière de leurs yeux projet_____ sur elle. Elle (regagner) _____ sa place à la table et (recommencer) _____ à manger comme si tout cela, finalement, n'avait pas vraiment d'importance.

LA CONJUGAISON

Écrivez trois histoires d'une dizaine de phrases chacune. Chaque histoire doit inclure les dix verbes de chacune des séries, conjugués au mode et aux temps indiqués. Vous pouvez consulter un ouvrage de conjugaison. Les titres vous révèlent les sujets des histoires.

SÉRIE 1		MODE	TEMPS
■ apparaître	■ envoyer		
■ mouvoir	■ courir		
■ rejoindre	■ se cacher	■ indicatif	■ présent
■ aller	■ pleuvoir		■ futur simple
■ se méfier	■ rester		

La poursuite

_____

_____

_____

_____

_____

_____

_____

_____

_____

_____

_____

_____

_____

_____

_____

_____

_____

_____

_____

_____

SYNTHÈSE

SÉRIE 2		MODE	TEMPS
■ savoir ■ devenir		■ indicatif	■ passé simple ■ imparfait
■ sentir ■ valoir			
■ trouver ■ craindre			
■ rappeler ■ plaire			
■ rêver ■ tressaillir			

La surprise

_____
_____
_____
_____
_____
_____
_____
_____
_____
_____
_____
_____
_____
_____
_____
_____
_____
_____
_____
_____
_____
_____
_____
_____
_____

SYNTHÈSE

SÉRIE 3		MODE	TEMPS
■ sembler	■ finir		
■ admettre	■ arriver		■ passé composé
■ rire	■ partir	■ indicatif	■ imparfait
■ écouter	■ rencontrer		
■ résoudre	■ vouloir		

La rencontre

_____

_____

_____

_____

_____

_____

_____

_____

_____

_____

_____

_____

_____

_____

_____

_____

_____

_____

_____

_____

_____

_____

_____

_____

SYNTHÈSE

NOTES PERSONNELLES

SYNTHÈSE